高中高職
經濟學圖解速成
學測、分科不求人

含試題解析

臥底經濟學家

鍾文榮 著　　五南圖書出版公司 印行

自序

　　這本書的原型，是我從一個父親的角度出發，一本雜湊的經濟學講義。

　　我作爲兩位女兒的父親，期望她們在接觸經濟學這門學科時，不僅能夠深入理解，還能感受到其生動魅力的願望。從她們初次接觸經濟學開始，我就察覺到了一個機會：讓經濟學不僅僅是理論，而是一門能與生活緊密結合的學問。我曾自問，未來她們是否會選擇踏上經濟學這條道路？

　　我的生活中，偶爾會在家庭對話中融入經濟學概念與名詞，這些術語漸漸成爲她們日常生活的一部分。於是，我決心用最簡單且精煉的方式，將經濟學的精華與近年高中學測、指考的題目及其詳解，整理成一份她們的專屬講義，而且年年更新。即使我對一些考試題目持有保留意見，我依然力圖客觀呈現解題過程，旨在爲她們的考前復習提供支援。我還特意標出必考題，以符合她們作爲學生的基本需求——爲了追求效率。

　　這本書的誕生，根植於家庭，但其價值和意義遠遠超越了個人。借助 DALLE 的力量，我在書中加入了一系列精彩的插畫，旨在將枯燥的理論變得生動有趣。這些插畫不僅是對經濟學概念的視覺解釋，也是 AI 機器人對經濟理論的獨特見解和創造力的展示，帶給讀者全新的學習體驗。

　　我的目標，是爲所有高中（職）學生提供一本既深入淺出又充滿知識的經濟學入門讀物。希望讀者能通過這本書，輕鬆掌握經濟學的核心原則，並在學業上取得優異的成績。

　　當我的女兒們完成了她們的學業之旅，選擇了自己的人生道路，這樣的選擇本身就是一種美。而這本書，則成爲了我對她們、對所有追求知識的學生，以及對教育本身深深的愛的一種延伸。

鍾文榮

2024 年 3 月 31 日

CONTENTS

PART

03 總體經濟學   **139**

第一篇

總論

經濟學，只是一門關於錢的學問嗎？這是很多人的誤解，同時，也是很多人對經濟學的刻板印象。我記得很多年前，有一位年紀輕輕的高一女生在我的部落格上留言，說她非常喜歡經濟學，認為念經濟學是一種可以「賺錢」的方法，但是又怕被同學笑，問我有沒有一種方式可以學好經濟學呢？

　　這件事讓我覺得經濟學什麼時候變成是一門可以幫助「賺錢」的學問？想必這個誤解非常深！小女生才高一就開始看經濟學，我大概認為她是「有看沒有懂」，至於，她看的是哪一本經濟學，裡面竟然提到可以致富？我想一定不是經濟學家寫的書才對！

　　當提到經濟學時，很多人可能會立刻想到和錢相關的事物，比如賺錢、股市，或是國家的財政狀況。事實上，經濟學遠比這些更為廣泛，它是一門研究人類如何做出選擇行為的學科。所謂的選擇，是指在生活中，當我們面臨著多種可能性時，我們該如何做出決定？

　　想像一下，如果你有一筆錢，你可以選擇買一雙新鞋，或是存起來未來再用，這就是一種選擇的例子。經濟學中的一個基本假設是，資源是有限的。這意味著，我們無法同時擁有所有我們想要的東西，因此，我們必須做出選擇；而當你選擇某一個選項的同時，同時也意味著你必須放棄某一個選項！

　　這種選擇不僅僅是關於物質資源的分配，也包括了時間、精力等各種資源。當我們選擇了一件事，往往意味著放棄了另一件事。這就是所謂機會成本（Opportunity Cost）的概念，它告訴我們，每一次選擇背後都有其放棄的成本。（有關於機會成本的敘述，會在本書後面進行詳細的說明。）

　　因此，經濟學的核心，其實就是研究在資源有限的條件下，人們該如何做出讓自己最滿意的決定？換句話說，經濟學是研究如何在多重可能性中，選擇最適合自己的項目，從而達到最大化滿足感的學問。

■ 圖 1-1：我們有很多選擇，在資源有限的情況之下，我們選擇將資源進行分配，求最大的滿足。

實是性與規範性

我們常會見到經濟學家評論某個經濟現象時，一派單純只是描述現象，或者是分析經濟現象發生的可能原因；另一派則指出或者建議，政府應該採取何種手段或者是政策，以應對這個經濟現象。這兩種分析方案，前者稱之實是性（Positive）分析，後者爲規範性（Normative）分析，這兩種方案在經濟學界各有擅長。

當我們談論實是性時，我們指的是客觀的分析方式，僅專注於事實本身，而不涉及任何個人的價值觀或判斷。在經濟學領域被稱爲「實是性經濟學」，其核心在於描述和解釋經濟現象，而不是給出應該如何的建議。

想像一下，如果一個國家某年的經濟成長率爲 1.9%，而經濟成長率的衰退主因，主要是由於外銷訂單的減少。這裡提到的外銷訂單減少是一個客觀事實，而將這種情況和經濟成長率的變化連繫起來的分析，就是實是性經濟學的應用。它僅僅報告了發生了什麼，以及這些事實之間有什麼樣的關聯，而不會告訴我們應該如何評價這種情況，或是如何應對這種情況。

實是性分析的方法提供了一個純粹基於數據和事實的基礎，讓我們可以在完全客觀的情況下瞭解經濟現象。透過實是性分析，我們能夠清晰地看到，經濟活動中各種因素是如何互相作用的，而不會被個人偏好或主觀意見所干擾。簡單來說，實是性經濟學就像是一面鏡子，眞實反映經濟世界的面貌，使我們能夠基於事實做出理性分析，進而更加理解經濟運作的規律和原因。

圖 1-2：實是性經濟學（Positive Economics）僅分析爲什麼，而不是應該做什麼。圖中的經濟學家指出經濟成長率過低原因，主因來自於外銷訂單衰退，經濟學家僅指出原因，而不建議政府應該採取哪些措施。

規範性經濟學與實是性經濟學截然不同，涉及到價值判斷，關注的是「應該如何」而不是「實際上是怎樣」。規範性經濟學在提出分析和建議時，往往基於某種目標或價值觀，指引我們應當如何行動以達成特定目標。

　　例如：如果一國的外銷訂單減少，導致該年經濟成長率僅爲 1.9%，規範性經濟學家可能會建議政府應該採取某些措施來幫助外銷業者，如提供補貼或透過貨幣政策讓匯率貶值，以增加出口競爭力。這些建議並不僅僅是描述事實，而是基於達成更高經濟成長或其他社會經濟目標的價值判斷。

　　規範性經濟學的特點，在於讓我們可以探討和辯論，應當如何利用有限的資源來實現社會的目標，這些目標可能包括減少貧困、提高就業率、促進經濟平衡成長等。在討論這些議題時，規範性經濟學強調的是價值選擇和目標設定，並試圖提供達到這些目標的途徑和方法。

　　規範性經濟學的挑戰在於，不同的個人或團體可能有不同的價值觀和目標，因此對於什麼是最佳行動方案的看法也會有所不同。這就得透過公共討論和政策制定過程，來平衡不同利益相關者的需求和期望。

▼ 表 1-1：實是經濟學與規範經濟學的比較

	實是性經濟學	規範性經濟學
特點	1. 僅專注於事實本身，而不涉及任何個人的價值觀或判斷。 2. 描述和解釋經濟現象，而不是給出應該如何的建議。 3. 客觀的瞭解經濟現象，分析經濟活動中各種因素是如何互相作用的，而不會被個人偏好或主觀意見所干擾。	1. 涉及到價值判斷，關注的是「應該如何」而不是「實際上是怎樣」。 2. 基於某種目標或價值觀，指引我們應當如何行動以達成特定目標。 3. 強調價值選擇和目標設定，並試圖提供達到這些目標的途徑和方法。

圖 1-3：規範性經濟學討論的是我們應該做什麼，才能達到特定的目的。圖中指的是規範性經濟學（Normative Economics），想要達成經濟成長率的目標，經濟學家激動的建議政府應該採取某些經濟措施。

稀少性

在我們的日常生活中，資源的有限性是一個不可避免的現實。無論是時間、金錢，還是自然資源，我們都面臨著不可能擁有無限量的挑戰。這正是經濟學中稀少性（Scarcity）所要表達的概念，資源的有限性使得我們無法滿足所有的需求和欲望。

由於資源的稀少性，我們必須做出選擇。這種選擇不僅涉及個人如何分配自己的資源，也涉及到社會如何決定資源的分配，例如教育、醫療和基礎設施等方面的投資。

由於資源稀少，經濟學就是研究在這種有限的條件下，我們要如何做出最有效的選擇，以達到最大化的效益？這種選擇行為不僅反映在消費者如何選擇購買哪些商品和服務上，也反映在企業如何決定生產什麼產品、使用什麼技術，甚至是政府如何分配有限的公共資源，以滿足社會的各種需求上。

稀少性迫使我們必須權衡不同選項的利弊，並做出決定。瞭解資源的稀少性，我們可以更好地理解為什麼經濟決策需要進行取捨，以及這些取捨是如何影響個人、家庭、企業乃至整個國家的經濟福祉。

圖1-4：一位小姐在餐廳桌前，桌上滿是各式美食，她顯得想要繼續享用，而餐廳老闆或服務員拿出目錄與帳單，這幅插畫象徵了在資源稀缺的背景下所面臨的取捨與選擇。

1-4 財貨與服務

　　財貨（Goods）和服務（Service）代表了滿足人們需求和慾望的方式，主要區別在於有形性與無形性。

　　財貨是指那些可以觸摸、看見的物品，它們以物質形式存在，能夠直接或間接滿足人類的需求和慾望。從日常生活中的食物、衣服、電子產品，到更大型的購買如汽車、房屋等，這些都是財貨的例子。財貨的特點是它們是有形的，可以被儲存和轉移，且在交換過程中，所有權可以從一方轉移到另一方。

　　與財貨不同，服務是指那些無法觸摸或看見的活動或表現，它們通過提供某種行為或努力來滿足人類的需求。服務包括了各種形式，如教育服務、醫療保健、法律諮詢、娛樂活動等。服務的特點在於它們是無形的，不能被儲存或轉移，而且在提供服務的過程中，服務的生產和消費通常是同時發生的。

　　雖然財貨和服務有明顯的差異，但它們在經濟活動中經常是相互依存和相輔相成的。許多時候，財貨的提供伴隨著服務的提供，反之亦然。例如：購買一台電腦（財貨）時，可能還會包括售後服務、技術支持等（服務）。

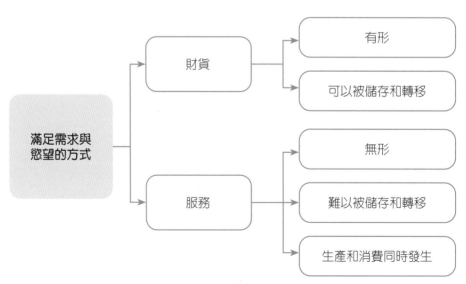

■ 圖 1-5：財貨與服務的區別

1-5 資本財與消費財

在經濟學的世界裡，財貨根據其用途和功能的不同，可以被分為資本財（Capital Goods）和消費財（Consumption Goods）。這兩種財貨對於經濟的增長與發展扮演著關鍵的角色，但它們在功能和目的上有著本質的差異。

資本財就是生產的工具，用於生產其他財貨和服務的財貨，包括了各種原料、物料和機器設備等，這些是生產過程中不可或缺的資源。資本財的特點是它們不是直接被消費，而是用來創造更多的財貨和服務。舉例來說：一台用於製造汽車的機器、一座工廠裡的製造設備，甚至是用於農業生產的耕作工具，都是資本財的典型例子。

資本財的投資是推動經濟成長的重要因素，透過投資資本財，企業能夠提高生產效率、降低成本，並最終增加生產的總量，因此，資本財的累積和更新是促進技術進步和經濟發展的關鍵。

相對於資本財，消費財指那些直接用於滿足人們日常生活需求的財貨，包括食品、衣物、家庭用品等。

消費財與資本財相異的是，消費財被用來直接滿足個人或家庭的需求，而不是用來生產其他財貨。消費財的消費是經濟活動的重要組成部分，它直接反映了人們的生活水準和消費能力。消費財的需求也是推動經濟成長的一個重要因素，因為它直接影響到企業的生產決策和市場供求關係。

▼ 表 1-2：資本財與消費財的比較

	資本財	消費財
特點	1. 生產的工具，用於生產其他財貨和服務的財貨。 2. 不是直接被消費，而是用來創造更多的財貨和服務。 3. 資本財的累積和更新是促進技術進步和經濟發展的關鍵。	1. 直接滿足個人或家庭的需求，而不是用來生產其他財貨。 2. 反映人們的生活水準和消費能力。 3. 直接影響到企業的生產決策和市場供求關係。

雖然資本財和消費財在功能上有所不同，但它們在經濟體系中是相互依賴的。資本財的投資和更新能夠提高生產效率，進而增加消費財的生產量，滿足人們日益增長的消費需求。同時，消費財市場的需求又促使企業投資更多的資本財以擴大生產。

1-6 耐久財與非耐久財

高中高職經濟學圖解速成：學測、分科不求人

8

　　根據財貨的使用壽命長短，我們可以將它們分為耐久財（Durable Goods）和非耐久財（Nondurable Goods）。

　　耐久財就是長期使用的商品。耐久財是指那些使用壽命較長，通常超過一定年限的商品，這些商品因其耐用特性，不需要頻繁替換，因此，雖然初期購買成本較高，但長期使用下來的平均成本相對較低，汽車、家電、房屋等都是耐久財的典型例子。耐久財的一個重要特徵是它們的購買往往受到經濟狀況的影響，當經濟前景好時，人們更願意投資於這些高價值的商品。

　　相對於耐久財，非耐久財是那些使用壽命較短的商品，通常使用期限不超過一年（甚至更短），需要頻繁替換或消耗。這類商品包括食品、日用品如牙刷、文具等，以及其他快速消耗品。非耐久財的特點是它們的購買頻率高，但單價相對較低。非耐久財的需求相對穩定，因為這些是日常生活中必需的消費品，其需求不像耐久財容易受經濟波動的影響。

　　耐久財和非耐久財在經濟中扮演著不同的角色。耐久財的購買往往與經濟成長密切相關，在經濟好轉時，耐久財的銷售通常會增加，反映出消費者對未來經濟的信心。相反地，在經濟不確定時期，耐久財的需求可能會下降，因為對經濟未來信心度下降，人們傾向於遞延購買耐久財。

　　非耐久財的需求則較為穩定，因為無論經濟狀況如何，人們往往對日常生活必需品的需求是持續的。然而，非耐久財的銷售對經濟波動的反應較小，因此它們不像耐久財那樣，能夠作為經濟健康的早期指標。

▼ 表 1-3：耐久財與非耐久財的比較

	耐久財	非耐久財
特點	1. 長期使用的商品，使用壽命較長，單價較高。 2. 容易受到經濟狀況的影響，當經濟前景好時，人們更願意投資於這些高價值的商品。 3. 經濟好轉時，銷售通常會增加，反映出消費者對未來經濟的信心。 4. 經濟健康的早期指標。	1. 購買頻率高，但單價相對較低。 2. 需求相對穩定，對經濟波動的敏感度較低。

自由財與經濟財

根據財貨是否需要付出代價來取得，我們可以將財貨分為自由財（Free Goods）和經濟財（Economics Goods）兩種財貨。

自由財是指那些在自然界中充足存在，人們毋須支付任何代價即可取得的資源。這類財貨的特點是它們的供給看似無限，人們可以隨意使用而毋須擔心耗盡。典型的自由財包括陽光、空氣和水等。這些資源對於人類的生存至關重要，但由於它們的豐富性，它們在經濟交易中通常不具有價值。然而，值得注意的是，隨著科技的發展和人類活動的影響，一些原本被視為自由財的資源（如水）在某些情況下也可能變得稀缺，進而轉化為經濟財。

經濟財是指那些在自然界中稀缺的資源，獲取它們須要支付一定的代價。經濟財的供給有限，人們為了獲得這些資源，通常需要透過工作、交換或支付金錢。經濟財包括了絕大多數我們日常生活中使用的商品和服務，如食物、衣物、住房、教育和醫療服務等。

經濟財的特點在於其稀少性，這迫使我們必須做出選擇，如何在有限的資源中，決定如何分配以滿足不同的需求？這些選擇的背後就是經濟學研究的核心問題——如何在稀少性的條件下，做出最有效的資源分配。

圖 1-6：陽光、空氣和水是自由財，但在某些時候，乾淨的空氣和水，也可能轉變為必須付出金錢才能享用的消費財（Consumer Good）。

私有財與公共財

根據財貨的財產權屬性，我們將其分為私有財（Private Goods）和公共財（Public Goods）。這兩種分類幫助我們理解不同類型財貨的消費特性，以及對社會資源分配的影響。

私有財是指那些可以由個人或企業擁有的財貨，具有明確的財產權。這類財貨的主要特點是獨享性和可排他性。獨享性意味著，當一個人使用該財貨時，他人無法同時使用；可排他性則是指擁有者可以防止他人使用該財貨，例如：當你購買一輛汽車時，這輛汽車就屬於你，其他人無權使用，除非得到你的允許。即使在共用經濟模式下，如共用汽車或共用自行車，雖然多人可以輪流使用，但在任何給定時刻，該財貨只能由一個人使用，因此仍然保留了私有財的特點。

公共財是指那些一旦提供，就能被多人共同享用，且難以排除任何人使用的財貨。公共財的典型特點是共用性和不可排他性。共用性意味著一個人使用公共財並不會影響其他人的使用；不可排他性則是指一旦公共財被提供，任何人都不能被排除在外。如國防、公共公園、道路燈光等都是公共財的例子。

除了私有財和公共財，我們還可以根據財貨的排他性與獨享性，進一步區分為共有財和俱樂部財。共有財如海洋漁場、森林等，因資源難以實現完全的排他性，但使用過度可能導致資源枯竭。俱樂部財如健身俱樂部會籍或有線電視訂閱，它們允許付費的會員享用服務，具有一定的排他性，但在會員間則具有共用性。

俱樂部財有時候稱之為準公共財（Quasi-public Goods），準公共財是指介於純公共財與純私人財之間的一種經濟財。準公共財具有以下幾個特點：

1. 非完全非競爭性：準公共財不像純公共財那樣，一個人的使用，不會影響到另一個人的使用。準公共財的消費在某種程度上是競爭的，但競爭性不如純私人財那麼明顯。

2. 非完全非排他性：純公共財的特點是無法排除任何人使用，而準公共財則是在一定條件下可以排除某些人的使用。例如：透過收費可以限制部分人使用某些準公共財。

3. 提供公共利益：即便準公共財具有一定的排他性和競爭性，它們仍然提供了一定程度的公共利益，例如公共廣播服務，即使可以通過加密信號來排除未付費的觀眾，但它仍然為大眾提供了資訊和娛樂。

這些分類不僅幫助我們理解不同財貨的消費和擁有方式，還對於公共政策制定、資源管理以及保障公共利益等方面提供了重要的經濟學見解。例如：公共財的提供通常需要政府介入，以確保這些對社會整體福祉至關重要的資源得到合理分配和保護。而私有財的有效市場交易則依賴於明確的財產權和法律保障，以促進經濟效率和個人福祉。

▼ 表 1-4：財貨的財產權屬性分類表

	可排他性	不可排他性
獨享性	私有財	共有財
共用性	俱樂部財	公共財

105 年指考「公民與社會」

智慧型手機風行後，「單一費率吃到飽」優惠方案的使用迅速增加。消費者每個月支付固定金額，就可以無限制使用 4G 上網，因此經常造成網路塞車，上網速度變慢。下列何者最適於描述此一現象？
(A) 搭便車心態　(B) 排他性增加　(C) 敵對性增加　(D) 資訊不完全
※　標準答案：(C)

解析：

無線網路頻寬可以視同一種「公共財」，雖然也必須繳費才有通訊的權利。4G 吃到飽對於消費者而言，在單位通訊的邊際費用上幾乎為零，消費者沒有誘因節省通訊量。因此造成網路塞車現象，指的是共有財的「獨享性」，即我享用了頻寬，別人就無法使用。

106 年指考「公民與社會」

經濟學中的公共財與私有財，分屬兩種性質不同的財貨。下列有關這兩種財貨的敘述，請問何者正確？
(A) 公海中的魚蝦是公共財，因為其具有共用性與不可排他性
(B) 個人擁有之汽車是私有財，因為其具有獨享性與可排他性
(C) 國營事業所生產的產品為公共財，因為其不為私人所擁有
(D) 公共財若由市場決定產量與價格，則經濟效率可達到最高
※　標準答案：(B)

解析：

「公共財」無法獨享，意即具備共用性且無法拒絕別人使用。
(A) 公海的魚蝦是共有財，具備共用性，但問題是存量非無限，所以會有排他性。

(B) 私人汽車具備獨享性與可排他性。

(C) 國營企業的產品非一定是共有財，如中油賣的石油。

(D) 公共財交由市場決定產量與價格，不見得會達到經濟效率，如「共有財的悲歌」。

107 年指考「公民與社會」

環保局發現某化工廠違法排放廢水，以致超過 1/3 的河段遭受污染，無法提供農業灌溉用水。環保局遂依違反水污染防治法規定，勒令該公司即日起停工並予以重罰。雖然停工當天該公司股票配發每股 2 元現金股利，但收盤時股價仍自 100 元下跌 10%。

上述的河川水資源，具有下列何種特性？

(A) 可共用亦可排他　　(B) 可共用但無法排他

(C) 無法共用但可排他　(D) 無法共用亦無法排他

※ 標準答案：(D)

解析：

公共財的特點是無法獨享，意即具備共用性且無法拒絕別人使用。這個個案因涉及到交易成本，工廠與農業無法共用水資源，但卻無法排他。

108 年指考「公民與社會」

網際網路已成為現代人生活之一部分，上網方式包括付費上網以及政府提供之免付費上網服務（如臺灣之「iTaiwan」）。有關網際網路之敘述，下列何者正確？

(A) 免付費上網服務如 iTaiwan 因具備共用性及排他性，屬於公共財

(B) 在使用者不多下，付費之網際網路其實也具有共用性及無排他性

(C) 付費之網際網路服務具共用性，為準公共財，公私部門皆可提供

(D) 網際網路服務因具排他性，偏向私有財，最好不要由政府來提供

※ 標準答案：(C)

(A) iTaiwan 因具備共用性及不可排他性，屬於公共財。

(B) 付費之網際網路具備共用性與不可排他性，屬於準共有財。

(C) 付費之網際網路服務具共用性，爲準共有財。

(D) 網際網路服務具備不可排他性，可以由私人企業提供。

107 年學測「社會」

臺灣地震頻繁，有時會造成災害，對此政府有許多因應措施與作爲。以經濟學觀點來解讀，以下各項政府作爲的性質與效果何者正確？

(A) 成立災害應變中心後所發布之最新災情，有公共財的特性

(B) 對受災戶進行補助與救濟，對國內生產毛額產生直接影響

(C) 向社會大眾募集二手物資，會增加各項產品的市場供給量

(D) 對地震災區進行房舍重建營造工程，可提高整體社會資本

※ 標準答案：(A)，然此題的題意不清，(B) 選項也可能爲答案。

(A) 此爲公共財的特性。

(B) 對受災戶進行救濟與補助，若是政府補助救濟爲非移轉性支付，將提高政府支出，提高 GDP。

(C) 二手物資不影響產品供給，也不影響 GDP。

(D) 災區重建若爲私宅，對社會資本沒有影響。

106 年學測「公民」

經濟學常使用「共用性」與「排他性」兩種概念來說明財貨的特性，請問就這兩種概念的應用分析何者正確？

(A) 校長週會演講內容，因學生每人領悟與學習成效不同，故不具有共用性

(B) 政府投入預算改善都市治安，因未繳稅居民亦可享受，故不具有排他性

(C) 公立圖書館閱覽室人人均可進出，縱使座位一位難求，依然具有共用性

(D) 賣場可以自由進出，但達一定人數流量後管制進場，故具有排他性

※ 標準答案：(B)

解析：

(A) 校長演講，即使每個人領悟不同，屬於共用性。

(B) 政府建設為公共財，有不可排他性的特質。

(C) 公立圖書館的座位具有敵對性。

(D) 商業賣場不屬於公共財，即使管制人流，但不是禁止進入，不具排他性。

105 年學測「社會」

大量抽取地下水養殖水產或做為工業用途，可能造成地層下陷，此現象與「地下水」的財貨屬性有關。關於地下水，下列敘述何者正確？

(A) 地下水屬於公共財，理應由政府統一管制分配

(B) 地下水具排他性，其價格必須反應市場的需求

(C) 地下水的財產權不明確，易形成共有財的悲歌

(D) 地下水為私有財，因上方之土地財產權很明確

※ 標準答案：(C)

解析：

(A) 地下水為「共有資源」，政府無法有效統一管制分配。

(B) 地下水具備不可排他性。

(C) 地下水為「共有資源」，的確容易形成「共有財的悲歌」。

(D) 地下水非私有財。

1-9 需要和欲求

在日常生活和經濟學中，需要（Needs）和欲求（Wants）是兩個基本而重要的概念。它們幫助我們理解人類行為背後的動機，以及如何在有限資源下做出合理的決策。

簡單來說，需要，就是生存的基礎。

需要指的是人們為了生存和維持基本生活，所必須擁有的條件或物品，包括食物、水、住所和衣物等基本生活需求。這些需求是人類共通的，不受個人偏好或社會地位的影響。例如：無論一個人的經濟狀況如何，皆需要食物來獲得能量，需要水來保持健康，需要住所來提供庇護。

若與需要相比，欲求則反映了個人的偏好、慾望和社會文化背景。欲求是超越基本生存需求的，欲求可以是無限的，並且隨著個人經濟狀況、文化影響和社會條件的變化而變化。使用前面的例子，當肚子餓時，吃飯是一個需要，但選擇去高級飯店享用一頓美食則是一種欲求。

從經濟學的角度來看，理解和區分需要與欲求是十分重要的。這不僅關係到個人如何在有限的資源下做出消費決策，也關係到社會如何分配資源以滿足人民的基本需求和提升生活品質。在資源有限的世界中，辨識和優先滿足基本需要是確保生存和社會穩定的關鍵。同時，欲求的追求則驅動了市場的多樣性和創新，促進了經濟的發展和文化的豐富。

▼ 表 1-5：需要與欲求的區別

	需要	欲求
特色	1. 維持生存和基本生活的物品。 2. 不受個人偏好或社會地位的影響。	1. 反映了個人的偏好、慾望和社會文化背景。 2. 欲求可以是無限的。

高中高職經濟學圖解速成：學測、分科不求人

16

誘因

誘因（Incentive）解釋了爲什麼人們會做出特定的選擇，出現動機並採取行動方案。

誘因可以被看作是一種激勵機制，促使個體或組織追求自己的最大利益。這些誘因既可以是正面的，也可以是負面的，並且可以是有形的（如金錢）或無形的（如社會認可）。

誘因又分爲有形誘因與無形誘因。

1. 有形誘因：最直接的誘因形式，通常涉及到物質利益，如金錢、獎品或其他物質獎勵。例如：企業提供的薪水增加、獎金和折扣都是有形誘因，它們直接影響人們的經濟福利。

2. 無形誘因：指那些非物質的獎勵，如社會地位的提升、個人成就感或內心滿足。這些誘因雖然無法直接量化，但對於個人行爲的影響同樣深遠。例如：職場晉升不僅僅帶來工資增長，更重要的是職位的提升和社會認可。

誘因在經濟學中的重要性不容忽視。它們影響著人們的消費行爲、投資決策、工作選擇等多方面。良好的誘因機制可以激勵人們提高工作效率、創新和創造價值。相反，錯誤的誘因可能導致資源浪費、效率低下甚至經濟危機。

圖 1-7：誘因具有多樣性，有形的折扣具有促進消費的誘因，但無形的誘因，如一輛名車，有可能會釋出自己是一個成功者的信號。圖中描繪了一個廣告牌標示著無形的（Intangible）誘因，展示了一位上班族考慮購買一輛豪華汽車，心想開這輛車去接送客戶會增加合作機會，代表了與地位和感知效益相關的無形誘因，而不是直接的物質獎勵。這幅插畫捕捉了物質誘因與那些訴諸於心理或社會因素的誘因之間的差異。

　　瞭解誘因如何影響人類行為對於政策制定者、企業領導者和教育工作者來說至關重要。有效的誘因機制需要充分考慮人類的行為動機，並通過合理的設計來達到預期的目標。例如：政府通過減稅來激勵企業投資，或者學校通過獎學金來鼓勵學生的學業成績。

　　誘因是經濟學中一個無處不在的概念，它貫穿於市場交易、政策制定和個人決策的每一個方面。通過理解和應用誘因理論，我們可以更好地預測和引導經濟行為，從而達到提高社會福祉的目的。同時，誘因涉及交易的信號，因此，在設計誘因時，考慮到它們的多樣性和複雜性，以及它們如何與人類的需求和欲求相互作用，方能有效促使完成特殊目的的要求。

1-11 效用

效用（Utility）是用於描述和衡量消費者，從購買和使用財貨或服務中獲得的滿足或愉悅程度。效用能夠讓我們理解消費者選擇行為背後的動機，以及他們如何在有限資源下做出決策以最大化自身的福利。

雖然效用是一種主觀的感受，並且每個人對同一商品或服務的效用感知可能不同，經濟學家通常使用金錢作為衡量效用的一種工具。透過這種方式，我們可以將效用值轉化為更容易理解和計算的數值，從而分析不同選擇之間的效用差異。

效用有兩個類型：

1. 邊際效用（Marginal Utility）：指額外消費一單位財貨或服務所帶來的效用增加量。邊際效用通常隨著消費量的增加而減少，這就是所謂的「邊際效用遞減法則」（這部分會在第二篇的個體經濟學中詳細說明）。

2. 總效用（Total Utility）：指消費者從所有消費的財貨和服務中獲得的總滿足或愉悅程度。

效用概念在解釋消費者如何做出消費決策方面發揮著關鍵作用。消費者在選擇時會試圖最大化自己的總效用，但由於預算的限制，他們需要在不同商品和服務之間做出選擇。通過比較不同選項的邊際效用與其價格，消費者可以決定哪些商品或服務會給他們帶來最大的滿足度。

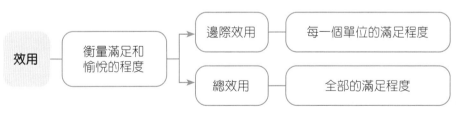

圖 1-8：邊際效用與總效用的分別

財富

財富（Wealth）指的是個人、家庭或企業所擁有的所有資產的總和，扣除了所有負債之後的淨值。財富不僅反映了一個人或組織的經濟狀況，也是衡量其在社會經濟中地位和影響力的一個重要指標。

財富包括了多種形式的資產：

1. 有形資產：如房地產（土地和建築物）、設備和其他物理資產。
2. 金融資產：包括現金、銀行存款、股票、債券等。
3. 無形資產：如專利權、商標權、品牌價值等。

財富的量度通常是以金錢的形式來表示，這使得不同類型和不同價值的資產可以通過一個共同的度量標準——即市場價值來進行比較和計算。

■ 圖 1-9：沙漠酋長擁有很多駱駝是有形的資產

財富和收入是經濟學中兩個基本但不同的概念。收入指的是一段時間內（如一年）從勞動、投資或其他來源獲得的金錢流量，而財富則是在某一時間點擁有的資產淨值。簡單來說，收入是流量，財富是存量。

在國家或社會層面上，財富不僅包括物質資產和金融資產，還涵蓋了自然資源（如農作物、礦產）、人力資本（教育和技能）和社會資本（如醫療衛生服務、基礎設施）。這些資源的總和構成了一個國家的綜合財富，影響著其長期的經濟發展和人民的生活品質。

■ 圖 1-10：海島酋長擁有很多石頭是有形的資產（註：石頭在某些海島國家是貨幣的象徵）

財富是衡量個人、企業和國家經濟實力的關鍵指標。它不僅表現在有形和金融資產的累積上，更包括無形資產和社會資源的整合。瞭解財富的概念有助於我們更好地理解經濟條件、社會福祉和經濟發展之間的關聯。在個人層面，財富的積累可以提高生活品質和經濟安全感；在國家層面，財富的增長則是提升國力和改善民生的基礎。

自由市場經濟與市場機能

　　自由市場經濟（Free Market Economy）的核心原則是私人擁有財產權和資源的自由使用能力，在這種經濟模式下，個人和企業擁有消費、投資和擁有私有財產的自由。市場機能（Market Mechanism）或價格機能（Price Mechanism）則在這一系統中發揮著決定性的角色，透過供給與需求關係自然調節，而非政府干預來決定商品和服務的價格和分配。

　　在自由市場經濟中，價格機能作為一個自動的調節器，指導資源的分配和商品的生產。當某個商品的需求增加時，當其他條件不變之下，其價格上升，激勵生產者增加供應；相反，當價格下降，生產者會減少供應。這種機制確保了資源被有效利用，並滿足了消費者的需求。

自由市場經濟有幾項特點：

1. 私有財產權：個人和企業有權擁有和控制他們的資源和財產的權力。
2. 消費自由：消費者可以根據自己的偏好和需求自由選擇商品和服務。
3. 投資自由：個人和企業可以自由決定如何投資他們的資金。
4. 競爭：市場上多家企業競爭同一市場份額，促進了效率和創新。
5. 有限的政府干預：政府在自由市場經濟中的作用主要限於保護財產權、維持市場秩序和提供公共財。

自由市場經濟的優點與挑戰：

1. 優點：效率高、創新促進和個人自由的最大化。
2. 挑戰：如資源分配不均、市場失靈（如外部性和公共財的提供）以及經濟週期的波動。

　　市場機能，指的就是經濟學中的「看不見的手」（Invisible Hand），在沒有外部指引或強制力的情況下，供給者和需求者通過價格的自由調節來進行商品或勞務交易的過程。亞當・斯密（Adam Smith）在《國富論》（The Wealth of Nations）中首次提出「看不見的手」這一概念，用以形容市場機能如何自然調節，促進經濟資源的有效分配，從而達到對社會最有益的狀態。

　　市場機能依賴於供給和需求的原則。當某種商品或服務的需求增加時，價格上升，刺激生產者增加供給；相反，當供給過多時，價格下降，減少

生產，從而達到供需平衡。這一過程中，價格作為資訊傳遞的媒介，指導著個體做出最合理的經濟決策。

市場機能能夠滿足以下的效果：

1. 資源配置效率：市場機能通過價格信號，引導資源流向，從而實現資源的有效配置。

2. 激勵創新：市場競爭促使企業不斷地創新，提高產品品質和服務，以吸引消費者。

3. 促進經濟增長：有效的市場機能能夠激發經濟活力，促進產業發展和經濟增長。

儘管市場機能在許多情況下能有效運作，但它並非萬能。在某些情況下，市場可能無法達到最佳的資源分配，導致市場失靈。例如：公共財的提供、外部性問題、資訊不對稱等，都可能需要政府介入來糾正。

市場機能或「看不見的手」是解釋自由市場經濟運作方式的關鍵概念，當個體在追求自身利益的同時，如何無意中促進了社會整體福利的提升。然而，理解市場機能的侷限性和市場失靈的情況，對於制定有效的經濟政策和確保經濟穩定與公平同樣重要，意即，政府在促進市場自由的同時，可能也要適當地行使監管職能，在不過分干預市場的情況下修正市場失靈，保障公共利益。

高中高職經濟學圖解速成：學測、分科不求人

22

圖 1-11：很多人以為殺價對老闆而言是收入的減少，但事實並非如此，圖中菜攤老闆舉著 Invisible Hand（看不見的手）的牌子，講的就是價格機能！

考題指標程度：★★

105 年指考「公民與社會」

市場的價格機能是透過供需調整來解決資源配置的問題，亞當史密斯稱此機能為「看不見的手」。請問下列何種政府政策是透過此一機能來解決問題？
(A) 政府實施國民年金制度來解決人民老年照顧的問題
(B) 政府依據家戶的所得水準作為學生是否免繳學費的依據
(C) 政府利用碳排放權交易方式來解決二氧化碳排放過高的問題
(D) 缺水時政府依據民生用水、農業用水、工業用水的順序來供水
※ 標準答案：(C)

解析：

政府制定碳排放權，可以讓碳排放數在約定數以下者，將差額售出給其他業者，因此對交易雙方都有利，也可以解決二氧化碳排放過高的問題。

111 年分科「公民與社會」

某國的香蕉價格一向波動甚大。某年儘管該國農業部前一年已經提出警告：「如果沒有颱風，價格會很低。」但農民仍然大量搶種，最後香蕉的價格果然崩盤。下列何者最能夠適當詮釋上述香蕉價格崩盤的結果？
(A) 農民自利選擇導致的市場機能　　(B) 農民低估香蕉生產的機會成本
(C) 因市場失靈進而產生無謂損失　　(D) 因資源的稀少性導致過度競爭
※ 標準答案：(A)，但有爭議性，依題目敘述，建議答案應為 (C)。

解析：

(A) 錯誤。農民單純追逐自身利益而大量生產，雖是自利，但並未達到市場機制有效分配資源的目標。
(B) 錯誤。題目沒有提及農民生產香蕉的機會成本問題。

(C) 正確。該國農業部已經提前預警香蕉可能供過於求，價格會下跌。但農民仍大量生產，導致最終香蕉價格崩盤，造成資源的無謂浪費，反映了這是一種市場失靈的情況，所造成的無謂損失。

(D) 錯誤。資源稀少會導致競爭，但題目描述的是供給過剩而非資源稀少的情況。

※ 補充說明：

無謂損失（Deadweight Loss）指的是市場資源配置不效率時造成的社會福利損失。當市場不處於完全競爭的均衡狀態時，例如由於價格管制、稅收、補貼、外部性或市場壟斷等因素，市場交易量減少，導致資源無法達到最佳配置，從而造成的損失。無謂損失表示市場失效對社會總福利的負面影響，包括消費者和生產者剩餘的減少。

舉例來說，政府對某商品徵稅，導致該商品的市場價格上升，消費者購買意願下降，同時生產者因稅後利潤減少而減少供應，這種情況下，市場達不到供需平衡，生產的商品量減少，使得原本在不徵稅的情況下能夠達成交易、增加社會福利的部分未能實現，造成了無謂損失。

比較利益與絕對利益

　　分工（Division of Labor）是指在生產過程中，將工作分解成一系列細小的任務，每個任務由不同的個人或團體負責完成。這種做法可以減少轉換任務時所產生的時間和成本浪費，提高勞動效率。分工不僅適用於個體和企業內部，也適用於全球範圍內國與國之間的經濟活動。

　　專業化（Specialization）是分工的自然結果，個人或企業專注於他們最擅長的特定領域或產品的生產。專業化有助於：

1. 提高生產效率：專注於特定任務可以讓生產者充分發揮其技能和專長，減少浪費，提高生產效率。

2. 促進創新和技術進步：當生產者專注於一個領域時，他們更有可能發現改進生產過程和提高產品品質的新方法。

3. 擴大市場和貿易：專業化促進了商品和服務的多樣化，增加了交易的機會，進而促進了國內外市場的擴大和國際貿易的發展。

　　雖然分工和專業化在許多方面都能帶來顯著的經濟效益，但它們也有其侷限性。過度專業化可能導致勞動者的技能過於單一，降低了他們適應經濟變化的能力。此外，在全球經濟中，過度依賴特定國家或地區的專業化生產也可能增加供應鏈的脆弱性。

　　與分工、專業化相關的經濟理論，就是比較利益（Comparative Advantage）與絕對利益（Absolute Advantage）。

　　想像一下，兩人同時生產兩種不同的商品，因為每個人的機會成本不同，有較低機會成本的人就具備比較利益。因此，只要根據比較利益，就可以分工，並決定專業化。反之，某人具備生產的數量均比另一人要高時，則具備了絕對利益。

　　經濟學上決定分工與專業化的因素，稱之為比較利益原則（Law of Comparative Advantage）。

　　舉例來說，張三和李四流落荒島之後，張三發現每天窮其力量和時間應該可以捕 8 條魚或者摘 4 顆椰子，但李四告訴張三，他有能力每天捕 15 條魚或摘 6 顆椰子。

　　下表可以表示他們兩個人在荒島一天的生產狀況：

▼ 表 1-6：張三與李四的生產狀況

	張三	李四
捕魚	8	15
摘椰子	4	6

在張三與李四流落荒島的情境中，我們可以透過比較利益和絕對利益的概念，分析他們如何通過分工和專業化來提高總產出。

第一部分：絕對利益的分析。從給定的數據來看，李四在捕魚（15 條魚）和摘椰子（6 顆椰子）的活動中都表現得比張三（分別為 8 條魚和 4 顆椰子）更加出色，這意味著李四在這兩項活動上都擁有絕對利益。

第二部分：比較利益的計算。比較利益涉及到機會成本的比較。機會成本指的是為了進行一項活動而放棄的另一項活動的潛在收益。

下表可以清楚表示出這兩個人的生產機會成本：

▼ 表 1-7：張三和李四的生產機會成本表

	張三	李四
捕魚	0.5 顆椰子	0.4 顆椰子 *
摘椰子	2 條魚 *	2.5 條魚

張三捕魚的機會成本是每條魚 0.5 顆椰子，摘椰子的機會成本是每顆椰子 2 條魚。

李四捕魚的機會成本是每條魚 0.4 顆椰子，摘椰子的機會成本是每顆椰子 2.5 條魚。

由於李四捕魚的機會成本（0.4 顆椰子）低於張三（0.5 顆椰子），因此李四在捕魚上擁有比較利益。相反，張三摘椰子的機會成本（2 條魚）低於李四（2.5 條魚），因此張三在摘椰子上擁有比較利益。

根據比較利益原則，即使李四在兩項活動上都擁有絕對利益，他們仍然可以通過分工和專業化來提高總產出。張三專注於捕魚，李四專注於摘椰子，這樣他們可以更有效率地利用各自的優勢，從而增加整體的產出。

■ 圖 1-12：張三和李四在荒島上根據比較利益進行交易，讓兩個人在荒島上的生活水準都提高。

105 年指考「公民與社會」

　　小成、小眞和小慧三人一同去找食物。在一天內，小成可以抓 20 隻羊或 40 隻魚；小眞可以抓 10 隻羊或 20 隻魚；小慧可以抓 30 隻羊或 50 隻魚。相較於小眞，小成和小慧在獵羊與捕魚上的比較利益，下列敘述何者正確？
(A) 小成在獵羊上有比較利益　(B) 小成在捕魚上有比較利益
(C) 小慧在獵羊上有比較利益　(D) 小慧在捕魚上有比較利益
※　標準答案：(C)

解析：

　　將小成、小眞與小慧三人分別就「獵羊」與「捕魚」的機會成本表列於下表，小慧在獵羊上有比較利益，因爲他每獵一頭羊只需放棄捕 1.6 條魚，而小成與小眞在捕魚上有比較利益，每捕一條魚只需放棄獵 0.5 頭羊。

機會成本	獵羊	捕魚
小成	2 魚	0.5 羊
小眞	2 魚	0.5 羊
小慧	1.6 魚	0.6 羊

105 年學測「公民」

　　臺灣曾經是鞋子王國，現在則是資訊產品王國。下列何者可以說明此種轉變？
(A) 鞋子的機會成本降低，資訊產品的比較利益增加
(B) 鞋子的機會成本增加，資訊產品的比較利益下降
(C) 鞋子的比較利益降低，資訊產品的機會成本下降
(D) 鞋子的比較利益增加，資訊產品的機會成本增加
※　標準答案：(C)

　　因產業結構與環境變遷，臺灣已非製鞋王國，代表製鞋的比較利益降低，繼而興起的是資訊業，代表在目前發展資訊業的比較利益提高，同時，可能機會成本也下降。

1-15 機會成本

經濟學中講的成本（Cost），如果沒有特殊說明，一般均是指機會成本（Opportunity Cost）。

機會成本反映了選擇之間的取捨和成本，當我們做出一個選擇時，實際上是放棄了其他所有可能的選項。機會成本正是指在所有未被選擇的替代方案中，最有價值或者收益最高的那一個的價值。

機會成本的拆解如下：

1. 機會成本＝經濟成本
2. 機會成本＝外顯成本＋隱藏成本
3. 機會成本＝會計成本＋隱藏成本
4. 會計利潤＝收益—外顯成本
5. 經濟利潤＝超額利潤＝收益—機會成本＝會計利潤—隱藏成本

機會成本包含兩個主要部分：外顯成本（Explicit Cost）和隱藏成本（Implicit Cost）。

外顯成本：也稱為會計成本，是指實際發生並已支付或需要支付的現金成本。例如：購買原材料的費用、支付員工工資等。

隱藏成本：指在進行某項活動時，因放棄其他選擇而失去的利益。這種成本雖然沒有直接支付，但是對於決策來說同樣重要。例如：企業主將自己的資金投入自己的業務中，放棄了將資金投資在股市可能獲得的收益。

因此，機會成本的計算公式為：機會成本＝外顯成本＋隱藏成本。

經濟學中，利潤的計算也與機會成本密切相關。會計利潤是指收益減去外顯成本，而經濟利潤則是收益減去機會成本，即考慮了隱藏成本的利潤。經濟利潤也被稱為超額利潤，它更全面地反映了一項活動的真實經濟價值。

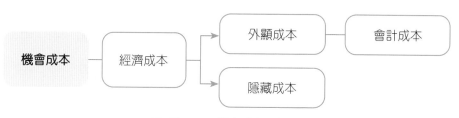

圖 1-13：機會成本的拆解

104 年指考「公民與社會」

為追求人生的第一個一百萬儲蓄，時薪 300 元的小明每餐固定支出 80 元，某日因看病請小華代班 3 小時，看診費用為 200 元，其中 100 元由保險給付。事後小明請小華吃 250 元商業午餐作為答謝，自己同時也吃了一客。請問小明此次看病的機會成本為多少？

(A)1350 元　　(B)1420 元　　(C)1500 元　　(D)1600 元

※ 標準答案：(B)

解析：

小華的機會成本為放棄的價值，因為看病，包含付給小華代班 3 小時的費用計 300 × 3 = 900，看病費用減去保險給付 200-100 = 100，請小華吃午餐 250，自己吃午餐的淨值 250-80 = 170，總計為 1,420。

106 年學測「社會」

某新款智慧型手機上市引起排隊購買潮。若此手機售價為 10,000 元，甲心中最高願意支付 3,000 元託人排隊代買，經與有意代買之乙、丙商討，最後由乙收取甲代買費用 1,000 元，為甲購得此手機。請問以下有關機會成本的設算，何者正確？

(A) 甲購買此智慧型手機的機會成本為 13,000 元

(B) 乙為人排隊代買手機之機會成本為 2,000 元

(C) 丙為人排隊代買手機之機會成本大於 4,000 元

(D) 甲自己排隊買手機之機會成本至少高於 3,000 元

※ 標準答案：(D)

解析：

(A) 題目並無甲的其他選項說明，因此無法得知甲的實際機會成本。

(B) 題目並無乙的其他選項說明，因此無法得知乙的實際機會成本。

(C) 題目並無丙的其他選項說明，因此無法得知丙的實際機會成本。

(D) 當甲願意用 3,000 元請人代排，說明甲的排隊機會成本一定高於 3,000 元，這才理性。

112 年學測「社會」

　　某國政府擬推動全民換發數位身分證計畫，整合戶口、醫療、租稅等資訊，提供人民更便捷的政府服務。認同此計畫的支持者期望藉此實現「數位國家」願景；但有公民團體質疑政府缺乏審慎規劃，擔憂該政策將導致人民喪失個人資訊的控制力，主張必須先制定特別法律，明訂授權範圍、加密機制、跨部門讀取資訊的條件與監督機制。因爭議擴大，該國政府最後放棄換發計畫。某高中生瀏覽相關爭議的網路留言後，心生疑惑：「先前民間團體利用政府資訊製作疫苗數位地圖，協助民眾查找疫苗施打場所，廣受社會稱許，為何數位身分證卻飽受質疑？」請問：依題文資訊，下列何者最可能是該國政府放棄換發計畫所產生的機會成本？

(A) 政府整合資訊減低民眾申辦政府業務的交易成本

(B) 政府為了保護民眾的個人資料所降低的外部成本

(C) 政府蒐集民眾的資訊進行數位整合而投入的成本

(D) 政府制定特別法規範自身行為所產生的額外成本

※ 標準答案：(A)

解析：

　　重點在於機會成本，也就是放棄數位身分證可能產生的價值是什麼？

　　數位身分證的主要目的是整合民眾的戶口、醫療、租稅等資訊，為民眾提供更便捷的政府服務。換發數位身分證可以減少民眾在申辦政府業務時，重複提供個人資料的麻煩，降低交易成本，這部分是「利得」。但由於公民團體質疑政府缺乏審慎規劃，擔心會導致人民喪失個人資料控制權，最終該計畫被放棄。這意味著政府無法整合民眾資訊，從而錯失減低交易成本的機會。

閱讀下列四個文本後作答第 34-37 題。

（一）關於應否完成核四廠興建、運轉，並繼續使用現有核能發電，各政黨有不同立場。2013 年國民黨執政時，政府支持完成「核四」興建，但擬由立法院發動「是否同意核四停建不得運轉」的廢核公投案。該提案遭當時民間反核團體及向來主張「核四應公投」的民進黨所聯手阻擋。因彼等認為《公投法》通過門檻太高，公投不可能通過「停建核四」的提案。2016 年民進黨執政後，行政院訂定「非核家園」的施政目標，並於 2017 年修訂《電業法》，明定政府應於 2025 年終結核能發電，同時新增「再生能源」占總發電的比率，實踐其廢核的一貫主張。立法院後來亦於 2018 年修訂《公投法》，調降公投案的通過門檻。

（二）2018 年底舉行全國地方公職人員選舉，並合併舉行十項全國性公投。依據新修訂的《公投法》門檻，有七案通過，其中有三案與能源政策有關：

1.「以核養綠」案：廢除《電業法》第 95 條第 1 項，即廢除『核能發電設備應於中華民國一百十四年以前，全部停止運轉』之條文

2.「反深澳電廠、燃煤發電」案：『停止新建、擴建任何燃煤發電廠或發電機組（包括深澳電廠擴建）』

3.「反空汙火力發電」案：『平均每年至少降低 1% 之方式逐年降低火力發電廠發電量』

（三）2020 年我國經濟部列舉「展綠、增氣、減煤、非核」為 2025 年之前的能源政策目標，說明如下：

展綠	提升太陽能以及風力為主的「再生能源」發電比率
增氣	增加天然氣火力發電
減煤	減少燃煤火力發電
非核	對核能立場開放，但因持續依賴核能發電或重啟核四有難以克服之困難，故認定核能實質上不可行

（四）我國風力發電以離岸（海上）風場為主，興建與未來營運售電的業者，為政府標案得標並獲許可之民間廠商。近來近海漁民抗議離岸電廠工程將衝擊海洋生態，並損害漁獲利益。

採行不同能源政策會有不同的代價；根據題文，當選擇不同能源政策時會產生的機會成本，下列敘述何者正確？

(A)「非核家園」政策之機會成本，包括發展替代能源增加的外部成本

(B)「以核養綠」政策之機會成本，包括未來採用綠色能源的生產成本

(C)「增氣」政策之機會成本，包括被替代的原有發電方式的汙染成本

(D)「減煤」政策之機會成本，包括燃煤火力發電已經發生的建造成本

※ 標準答案：(A)

解析：

　　機會成本是指為了得到某項事物而必須放棄的另一項事物。在這個案例中，我國政府選擇「非核家園」政策，代表政府必須放棄核能發電，因此「非核家園」政策的機會成本包括核能發電的效益。

1.　核能發電的效益包括：

(1)　發電量穩定：核能發電不受天候影響，發電量穩定。

(2)　發電成本低廉：核能發電的燃料成本低廉，發電成本低廉。

(3)　碳排放量低：核能發電不會產生溫室氣體，碳排放量低。

　　「非核家園」政策的機會成本也包括發展替代能源增加的外部成本。

2.　替代能源包括：

(1)　再生能源：太陽能、風力發電等。

(2)　天然氣火力發電。

　　再生能源的發電量不穩定，需要搭配其他發電方式才能維持供電穩定。天然氣火力發電雖然碳排放量較燃煤火力發電低，但仍會產生空氣污染。

　　因此，答案為 (A)。

　　以下是其他選項分析：

(B)　「以核養綠」政策之機會成本，包括未來採用綠色能源的生產成本。「以核養綠」政策是指利用核能發電的收入來發展綠色能源。因此，「以核養綠」政策的機會成本包括核能發電的效益，但不包括未來採用綠色能源的生產成本。

(C)　「增氣」政策之機會成本，包括被替代的原有發電方式的污染成本。「增氣」政策是指增加天然氣火力發電。天然氣火力發電的碳排放量較燃煤火力發電低，但仍會產生空氣污染。因此，「增氣」政策的機會成本包括燃煤火力發電的污染成本，但不包括核能發電的效益。

(D)　「減煤」政策之機會成本，包括燃煤火力發電已經發生的建造成本。「減煤」政策是指減少燃煤火力發電。燃煤火力發電的建造成本已經發生，因此「減煤」政策的機會成本包括燃煤火力發電的建造成本，但不包括核能發電的效益。

　　我國某市立音樂廳需要整修，基於身心障礙者權利公約（CRPD）的要求，民間團體主張應增加身障座位，但也有反對聲浪。正反意見彙整如下：

反對意見	支持意見
在廳內增加身障座位需拆除 20 個座位，會產生拆除與增建的施工成本，也會有未來每場表演的門票損失。	整建雖需付出成本，但建構友善身障者的環境，讓城市更具包容性，將帶來促進人權保障、落實文化權等看不見的效益。

　　市政府也接獲以下三項整修方案建議：

甲：考慮音樂廳是歷史古蹟，故將身障座位設於廳外的大廳空間，再於表演時同步轉播內部音樂會，並提供各項聆賞必要的免費支持服務。

乙：重新規劃廳內動線與座位安排，在不同區域皆設置身障座位，讓身障者依個人需求挑選不同票價的座位，並讓其選擇所需的手語或口述影像等服務。

丙：考慮緊急應變措施，將身障座位安排在廳內第一排或邊緣位置，以確保身障者安全，並避免影響出入動線造成逃生受阻；另外應提供障礙者及陪同者購票半價優惠。

　　在與各界交換意見後，市政府確立以「障礙者文化平權」做爲整修原則，並決定採取某方案，因該方案最符合 CRPD 之「共融模式」的兩項原則：

Ⅰ、確保障礙者如所有人一般平等參與社會生活的權利，提高障礙者與非障礙者互動的可能性。

Ⅱ、尊重障礙者的自主選擇，不將障礙者弱化爲需要被保護的對象。

　　請問：

　　若僅根據表格中的正反意見，對於是否增加身障座位的評估，應針對下列哪組成本效益進行比較？

(A)「身障座位門票收入」與「拆除原本座位成本」

(B)「身障座位門票收入」與「增建身障座位成本」

(C)「看不見的效益」與「施工成本加上門票損失」

(D)「看不見的效益加上門票收入」與「施工成本」

※　標準答案：(C)

解析:

　　反對意見提到，增加身障座位需要拆除 20 個座位，會產生拆除與增建的施工成本，以及每場表演的門票損失。支持意見則提到，整建雖需付出成本，但建構友善身障環境所帶來的促進人權保障、落實文化權等看不見的效益。因此，評估是否增加身障座位，實際上就是在比較：「看不見的效益」與「施工成本加上門票損失」這兩者的大小。只有當「看不見的效益」大於「施工成本加上門票損失」時，增加身障座位才是符合效益的做法。

生產可能線

簡單來說，生產可能線（Production Possibility Curve, PPC）就是效率與機會成本的圖解分析。

生產可能線用於描述在給定的技術條件和資源限制下，一個經濟體能夠生產的兩種商品或服務的最大可能組合。PPC 不僅展示了資源分配的效率問題，也直觀地表達了機會成本的概念。

PPC 的特點如下：

1. 形狀：生產可能線通常呈現為向外凸的曲線形狀，這反映了不同產品之間的替代關係和邊際遞減的原則。
2. 位置：PPC 的具體位置和形狀取決於可用資源的數量以及生產技術的水準。如果資源增加或技術進步，PPC 會向外移動，反之則向內移動。

PPC 上的每一點都代表了一種生產組合，在這一點上，資源被充分利用且生產效率最大化。從 PPC 上一點到另一點的移動涉及到機會成本的考量——為了增加一種商品的產量，必須減少另一種商品的產量。PPC 上的移動顯示了這一轉換過程中的機會成本，即放棄的商品數量。

效率與生產可能性：

1. 效率生產點：位於 PPC 上的點代表有效率的生產組合，意味著無法增加一種商品的產量而不減少另一種商品的產量。
2. 無效率生產點：位於 PPC 內部的點表示資源未被充分利用或生產效率不足，可以增加至少一種商品的產量而不影響另一種商品。
3. 不可達生產點：位於 PPC 之外的點表示在當前技術和資源條件下無法達到的生產組合。

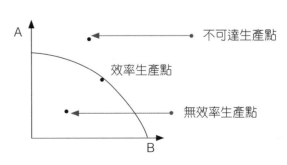

▌ 圖 1-14：生產可能線

考題指標程度：★★

106年指考「公民與社會」

　　下圖為某國生產稻米與汽車的生產可能曲線 (PPC)，因技術的改變，生產可能曲線由原先之 PPC_1 變為 PPC_2。依圖判斷，請問下列敘述何者正確？

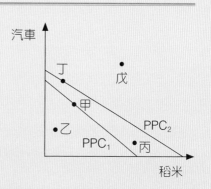

(A) 技術變動後，甲點為無法達到的生產組合
(B) 技術變動後，乙點為未充分應用資源的生產組合
(C) 技術變動後，丁點為可以達到的生產組合
(D) 技術變動前，丙丁兩點為無法達到的生產組合
(E) 技術變動前，戊點為可達到且充分運用資源的組合

※ 標準答案：(B)(C)(D)

解析：

(A) 甲點位於 PPC_1 上，可以達成生產組合
(B) 乙點未在 PPC_1 上，未充分應用資源的生產組合
(C) 丁點未在 PPC_2 上，可以達成生產組合未充分應用資源的生產組合
(D) 丙、丁不在 PPC_1 上，未充分應用資源的生產組合
(E) 戊點不在 PPC_1 上，未充分應用資源的生產組合

109年學測「社會」

　　某新款遊戲中有兩種角色可以選擇，分別是勇士和弓箭手。原本小新玩一小時遊戲，不管是只選擇勇士或只選擇弓箭手，最高可讓該角色的戰力升五級，但一小時內也可以任意轉換角色。某日小新抽到弓箭手升級速度加倍的一小時優惠，若以弓箭手戰力升級數為橫軸，勇士戰力升級數為縱

軸，並以實線代表獲得優惠前每一個小時的生產可能線，在其他條件不變下，下列哪一個示意圖最適合用來顯示此優惠對小新一小時生產可能線的影響？

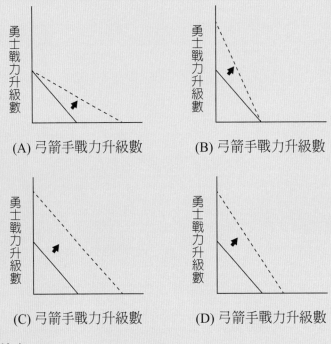

(A) 弓箭手戰力升級數　　　　(B) 弓箭手戰力升級數

(C) 弓箭手戰力升級數　　　　(D) 弓箭手戰力升級數

※ 標準答案：(A)

解析：

　　小新抽到弓箭手升級速度加倍，代表弓箭手的戰力升級，對應到 PPC 則為勇士的戰力不變，而弓箭手的戰力升級一倍。

謬誤

經濟的歸因謬誤（Fallacy）常見的有三個：合成謬誤（Fallacy of Composition）、分割謬誤（Fallacy of Division）與因果謬誤（Fallacy of Course）。

首先，合成謬誤指的是以為對個體有利（不利）的事，也會對總體有利（不利），也就是說，合成謬誤指的是從個體到整體的錯誤推論。

合成謬誤是一種邏輯錯誤，它發生在錯誤地將個體層面上的特性或結果推廣到整體或群體上。在經濟學中，這種謬誤尤其常見，因為人們經常誤以為對個人有利的行為或政策，對社會整體也必然有利，反之亦然。

一個典型的合成謬誤例子是節約陷阱（Paradox of Thrift）。如果一個人決定少花錢，不去消費，他的個人儲蓄可能會增加。然而，如果社會上的每個人都採取相同的行動，總體消費將會下降，這可能導致經濟放緩，反過來又會減少個體的收入和儲蓄，對整體社會不利。舉例來說，在一場足球比賽中，如果一個觀眾站起來能看得更清楚，那麼他可能錯誤地認為如果所有觀眾都站起來，他們每個人都能看得更清楚。這顯然是不對的，因為當所有人都站起來時，相對位置並沒有改變，並不會讓每個人的視野都變得更好。

合成謬誤之所以重要，是因為它提醒我們在分析經濟現象和制定政策時需要更為謹慎。單一行為在個體層面可能有正面效果，但當這種行為被廣泛採取時，其對經濟整體的影響可能完全不同。因此，經濟決策需要考慮到個體行為對整體經濟系統的影響。

避免合成謬誤的關鍵在於理解個體行為與總體經濟之間的關係，以及這些行為如何在不同層面上產生不同的結果。這要求從總體經濟學的角度來分析問題，並且在制定政策時考慮到其對經濟各個部分的影響。此外，使用模型和實證數據來測試假設和預測結果，也是避免落入合成謬誤陷阱的有效方法。

分割謬誤指的是以為對總體有利（不利）的事，也會對個體有利（不利）的事。

舉例來說，如果一支足球隊在本賽季表現出色，分割謬誤可能是錯誤地認為該隊的每一位球員都是頂尖球員。實際上，隊伍的成功可能來自於多

種因素，包括教練策略、隊員之間的默契配合等，並不意味著每個隊員都在個人技能上超越平均水準。

因果謬誤是一種常見的邏輯錯誤，指的是錯誤地將兩個事件的先後發生視為它們之間存在因果關係。這種錯誤推理忽略了可能存在的其他解釋或因素，僅僅因為一件事情跟在另一件事情之後發生，就草率地認定前者是後者的原因。

因果謬誤可以分為幾種不同的形式，包括：

1. 後此謬誤（Post Hoc Fallacy）：全稱為「後此故因謬誤」（Post Hoc Ergo Propter Hoc），意為「之後，因此是因為」，即認為因為事件 B 在事件 A 之後發生，所以 A 必定是 B 的原因。

2. 假因謬誤（False Cause Fallacy）：更廣泛地指任何未正確識別因果關係的情況，包括將巧合關係、相關性錯誤解釋為因果關係等。

舉例來說，如果一個人在吃了特定的食物後感到不適，他可能會認為那種食物導致了他的不適。然而，如果不進行進一步的調查，就可能忽略了其他可能的原因，如食物中毒、過敏反應或其他食物的影響。

▼ 表 1-8：不同邏輯謬誤區別

	合成謬誤	分割謬誤	因果謬誤
區別	以為對個體有利（不利）的事，也會對總體有利（不利）。	以為對總體有利（不利）的事，也會對個體有利（不利）。	錯誤地將兩個事件的先後發生視為它們之間存在著因果關係。

我們要如何識別和避免造成因果謬誤呢？

避免因果謬誤的關鍵在於批判性思考和仔細分析事件之間的關係。這包括考慮其他所有可能的解釋、尋找直接的證據支援因果關係，以及使用科學方法來驗證假設。在科學研究、政策制定和日常決策中，正確識別因果關係至關重要。錯誤的因果推理可能導致無效的結論和策略，浪費資源，甚至對人們的生活造成負面影響，通過仔細分析和批判性思考，我們可以更準確地理解事件之間的真實關係，做出更合理的判斷和決策。

圖 1-15：典型的因果謬誤，一個看到烏鴉（因）就踩到狗大便（果），就以為烏鴉是不吉利，就是被烏鴉詛咒（Cursese）的。

個體經濟學（Microeconomics）專注於研究和分析消費者、企業和市場上的交易行為，以及這些行為如何影響商品和服務的價格、數量和分配。個體經濟學的核心在於理解需求與供給的力量如何在市場中互動，從而形成均衡價格並決定資源的分配。

個體經濟學的分析工具被廣泛應用於多種經濟問題中，包括：

1. 分析稅收和補貼對市場的影響。
2. 研究價格控制（如《最低工資法》）對勞動市場的影響。
3. 評估不同市場結構下的企業行為和市場結果。
4. 探討外部性和公共財對資源分配的影響。

總體經濟學（Macroeconomics）與個體經濟學關注於個別市場和決策者的行為不同，總體經濟學著眼於整個經濟的總體趨勢和動態，探討國家或地區經濟的整體表現，如國內生產總值（GDP）、通貨膨脹率、失業率以及國際貿易和支付平衡等。

總體經濟學的主要研究範疇：

1. 國內生產總值：衡量一個國家在特定時間內生產的所有最終商品和服務的市場價值，是評估經濟規模和增長速度的關鍵指標。
2. 通貨膨脹率：表示一段時間內商品和服務價格水準的平均增長率，反映了一國貨幣購買力的變化。
3. 失業率：指勞動力市場中尋求工作但未被僱用的人口比例，是衡量經濟健康狀況的一個重要指標。
4. 貨幣政策與財政政策：貨幣政策通過控制貨幣供應量和利率來影響經濟，而財政政策則通過政府支出和稅收來達到類似的目的。
5. 國際貿易和收支平衡：研究一國與其他國家之間的商品、服務和資金流動，以及這些流動如何影響經濟。

■ 圖 1-16：個體經濟學與總體經濟學的分別

108 年指考「公民與社會」

經濟全球化促進產品、生產要素與技術在全球的自由移動，讓世界各國之生產活動更加活絡，而且相互依賴程度亦大幅提高。下列哪些是經濟全球化帶來的結果？

(A) 跨越國界之污染日漸嚴重
(B) 智慧型手機遍銷世界各地
(C) 價格由該產品之供需決定
(D) 自利是經濟行為的驅動力
(E) 臺商在全球各國投資生產
※ 標準答案：(A)(B)(E)

解析：

(A) 全球化生產，將會使跨越國界之污染日漸嚴重。
(B) 全球化生產，有機會讓生產成本降低，有助於智慧型手機遍銷世界各地。
(C) 因市場不見得屬於競爭市場，價格不見得由該產品之供需決定。
(D) 自利雖是經濟行為的驅動力，但此題意中，生產行為可能為自私行為。
(E) 臺商投資一般來說是全球化佈局生產。

行爲經濟學（Behavioral Economics）是一門結合經濟學和心理學原理，研究人類在做出經濟決策時的行爲模式和心理機制的學科。行爲經濟學挑戰了傳統經濟學中理性人假設的前提，指出在實際決策過程中，個人往往受到各種社會、心理和情感因素的影響，這些因素會導致人們做出偏離理性預期的選擇。

行爲經濟學的幾項重要核心概念：

1. 有限理性（Bounded Rationality）：由於資訊處理能力有限，人們在做出決策時無法完全理性，而是傾向於使用各種啓發式和規則來簡化決策過程。

2. 前景理論（Prospect Theory）：這是行爲經濟學中的一個關鍵理論，由丹尼爾·卡尼曼（Daniel Kahneman）和阿莫斯·特沃斯基（Amos Tversky）提出，它解釋了人們在面對風險和不確定性時的決策行爲，特別是在處理損失和獲得時的不對稱反應。

3. 心理帳戶（Mental Accounting）：指人們如何將資金劃分爲不同的帳戶，並對每個帳戶的支出和收入進行不同的心理評估和處理。

4. 確認偏誤（Confirmation Bias）和過度自信（Overconfidence）：這些是影響決策的心理偏差，其中確認偏誤是指人們傾向於尋找、解釋和記憶與自己先入爲主的觀點一致的資訊，而過度自信是指人們對自己判斷的準確性有過高的自信。

行爲經濟學的研究成果廣泛應用於市場分析、政策制定、金融投資等領域。例如：通過瞭解消費者的心理偏好和行爲模式，企業可以設計更有效的產品和市場策略。政府和公共機構可以利用行爲經濟學的原理來促進公共健康、提高教育成效和鼓勵節能減排等。

圖 1-17：行為經濟學是一門結合經濟學和心理學原理，研究人類在做出經濟決策時的行為模式。

MEMO

第二篇

個體經濟學

供給與需求

供給（Supply）是指價格與供給量之間的關係。供給量也隨價格的變化而變化，這種關係通常通過供給曲線來表示，這是一條向右上方傾斜的曲線，表明價格與供給量之間呈正相關——即價格愈高，供給量愈多；價格愈低，供給量愈少。

價格在市場經濟中發揮著重要的信號和調節作用。當市場價格高於均衡價格時，會產生供過於求的情況，導致價格下降；當市場價格低於均衡價格時，會產生需求超過供給的情況，導致價格上升。通過這種自我調節機制，市場經濟能夠有效地協調生產者的供應行為和消費者的需求，從而實現資源的有效配置。

1. 供給量：在一定價格下，生產者願意並能夠提供的特定商品的數量。供給量與價格之間的關係通常呈現正向變化，即價格升高，供給量增加；價格降低，供給量減少。

2. 供給線：供給線（Supply Curve）是一條圖形，用於展示不同價格水準下商品的供給量。它通常呈現為向上傾斜，這表示了價格和供給量之間的正相關關係。供給線的斜率顯示了價格變動對供給量的敏感度。

需求（Demand）指價格與需求量之間的關係。需求不僅取決於價格，還受到消費者收入、偏好、預期以及其他商品價格等因素的影響。

1. 需求量：在一定價格下，消費者願意並能夠購買的特定商品的數量。需求量與價格之間的關係通常呈現反向變化，即價格升高，需求量減少；價格降低，需求量增加。

2. 需求線：需求線（Demand Curve）是一條圖形，用於展示不同價格水準下商品的需求量。它通常呈現為向下傾斜，這表示了價格和需求量之間的負相關關係。需求線的斜率顯示了價格變動對需求量的敏感度。

除了價格之外，需求還受到多種因素的影響，包括：

1. 收入水準：消費者的收入增加，通常會增加對商品的需求量，特別是對於正常財。

2. 商品的替代品和互補品：替代品價格的上升可能增加對當前商品的需

求，而互補品價格的上升可能減少對當前商品的需求。

3. 消費者偏好：由於時尚趨勢、廣告宣傳或消費者口味的變化，消費者對某些商品的偏好可能會變化，從而影響需求。

4. 預期：消費者對未來價格或收入的預期變化也會影響當前的需求。

▼ 表 2-1：供給與需求

	供給	需求
斜率	正斜率	負斜率
價量關係	1. 在一定價格下，生產者願意並能夠提供的特定商品的數量。 2. 供給量（點）的移動。	1. 在一定價格下，消費者願意並能夠購買的特定商品的數量。 2. 需求量（點）的移動。
非價量關係	供給線的移動	需求線的移動

104 年指考「公民與社會」

　　由於全球氣候暖化使得小麥歉收，消費大眾因此預期小麥價格將持續上揚。請問這對當前小麥市場所產生的效果為何？
(A) 使供給減少、需求增加，因此價格上升
(B) 使供給減少、需求增加，因此交易量增加
(C) 使供給量減少、需求量增加，因此價格下降
(D) 使供給量增加、需求量減少，因此交易量減少
※　標準答案：(A)

解析：

(A) 小麥歉收直接影響的是「供給」，而不是「供給量」。
(B) 「供給量」是供給線上的移動，是價格的關係，非價格以外的變動則為「供給」的移動。
(C) 消費者預期小麥價格上揚，影響的是「需求」，而不是「需求量」。
(D) 因此，答案為「供給」減少，供給線向左移動，且「需求」增加，需求線向右移動，造成均衡價格上升，但均衡數量不確定，必須視需求是否大幅增加。

105 年指考「公民與社會」

　　某社區舉辦聯歡晚會，計畫施放煙火慶祝，其他社區雖可欣賞到煙火但亦遭受煙火所造成的空氣污染，若從經濟學的角度來考慮，下列敘述何者正確？
(A) 與最大社會福祉對應之煙火量比較，此時社區施放的量偏少
(B) 與最大社會福祉對應之煙火量比較，此時社區施放的量偏多
(C) 因其他社區可欣賞到煙火，所以考慮社會效益下的需求線位於該社區需求線上方

(D) 因其他社區遭受空氣污染，所以考慮社會成本下的供給線位於該社區供給線下方

※ 標準答案：(C)

解析：

　　某社區放煙火，其他社區雖然可以看到煙火秀，指的是「外部性」的「外部經濟」，不用花錢也可以看到煙火秀，但煙火秀也會造成另一種「外部性」的「外部成本」，指的是空氣污染。

(A)(B) 的選項並不知何謂「最大社會福祉」，所以非正確選項。

(C) 因其他社區具備了外部經濟，所以社會需求線會位於社區需求線的上方。

(D) 考慮外部成本，社會供給線應位於社區供給線的上方才對。

106 年指考「公民與社會」

　　在只有甲、乙兩國的世界中，已知甲國是手機的出口國，乙國是手機的進口國。當甲國國內對手機的需求提高時，在不影響原有進出口的型態下，下列何者正確？

(A) 甲國手機的出口供給減少　　　(B) 乙國手機的進口需求上升

(C) 國際間手機的交易數量上升　　(D) 國際間手機的交易價格下降

※ 標準答案：(A)

解析：

　　甲國是手機出口國，在其他條件不變之下，國內需求提高時，將使國內的需求量與需求價格提高。當手機廠商的供給量不變之下，將促使出口供給量減少。

　　因此，短期而言不影響出口供給，但長期而言出口供給將會減少。本題的題意不清，勉強可以選 (A)。

106 年指考「公民與社會」

　　政府禁止與粉塵相關的娛樂活動後，玉米色粉市場也將受影響而發生變化。在僅有需求或供給發生改變的情況，下列哪些為該市場可能發生的變化？

(A) 供給增加、價格上升　　　(B) 供給減少、數量下降

(C) 需求增加、價格上升　　　(D) 需求減少、價格下跌

(E) 需求減少、數量下降

※ 標準答案：(B)(D)(E)

解析：

　　政府禁止與粉塵相關的娛樂活動後，玉米色粉市場將造成需求減少，也造成供給減少。因此，均衡數量下降。

107 年指考「公民與社會」

　　若 2015 年以來，因病蟲害蔓延，使高麗菜年產量持續下降，導致高麗菜價格上揚。在其他條件不變下，下列對高麗菜水餃市場供需的敘述，何者正確？

(A) 高麗菜水餃供給增加　　　(B) 高麗菜水餃需求減少

(C) 高麗菜水餃供給減少　　　(D) 高麗菜水餃需求增加

※ 標準答案：(C)

解析：

　　高麗菜與高麗菜水餃屬於互補品，供給為同向，因此，當高麗菜產量下降，則高麗菜的供給減少，同樣的，高麗菜水餃的供給亦會減少。

107 年指考「公民與社會」

　　某國因爲經濟快速發展使人口逐漸往大都市聚集，加上國內外資金不斷流入房地產市場，雖然大都市的房屋數量增加，房價卻也居高不下。不斷攀升的房價引起無力購屋者的不滿，也促使該國政府計畫採取相關措施以平抑房價。

　　依據上述房地產市場的價量變化，若其他條件不變，下列敘述何者最爲可能？

(A) 需求量變動引起數量改變，導致供給變動

(B) 需求量變動使價格改變，導致供給量變動

(C) 需求變動引起數量改變，導致供給的變動

(D) 需求變動使價格改變，導致供給量的變動

※ 標準答案：(D)

解析：

　　這題考的是線的移動（價格以外的現象），與線上點的移動（價格現象）。

　　房屋需求增加造成房屋價格上揚，屬於需求變動，因價格上揚導致供給量增加。

　　下列哪項措施最可能可以達到該國政府的政策目標？

(A) 降低房屋稅的稅率　　　　(B) 提高房屋交易稅率

(C) 放寬外國資金流入　　　　(D) 降低房屋貸款利率

※ 標準答案：(B)

解析：

　　房屋價格飆漲，政府打房的政策是抑制房價上漲，甚至將房價變低。

(A) 降低房屋稅的稅率會使房屋投資需求提高，提高房價。

(B) 提高房屋交易稅率會使房屋投資需求降低，抑制房價。

(C) 放寬外國資金流入會使房屋投資需求提高，提高房價。

(D) 降低房屋貸款利率會使房屋投資需求提高，提高房價。

107 年指考「公民與社會」

　　某國為乳品進口國，最近該國某連鎖量販店發布新聞稿表示，因國際乳品價格持續上揚和國內運輸物流勞動成本增加，數家主要供應商近期將調漲嬰兒奶粉價格最多達 35%。消息披露後，新聞媒體紛紛大幅報導，也引發搶購風潮，各大銷售通路均出現嚴重缺貨的現象。嬰兒奶粉搶購、缺貨的話題也在網路社群媒體延燒，多家新聞媒體又不斷發布「漲價前搶最後一波便宜嬰兒奶粉，一張表秒懂何處下手」訊息，更強化搶購風潮。該國政府面對這波漲價和搶購風潮，除向民眾保證嬰兒奶粉不會短缺，也向主要供應商和量販業者進行「不要調漲」的道德勸說，但沒有進一步採取其他作為。許多網友留言批評該國政府缺乏效能，既未鼓勵哺育母乳，又放任嬰兒奶粉廠商漲價；此外，也有網友主張政府消保官應主動查訪廠商是否涉及集體漲價。

　　若其他條件不變，上述價量變動的現象及搶購風潮因應政策的效果，下列敘述何者正確？
(A) 該現象的發生是需求增加，但供給不變
(B) 該現象的發生是需求不變，但供給減少
(C) 若實施限購六罐政策，亦無助紓解漲價壓力
(D) 若保證一個月內不漲價，則可減緩搶購風潮
※ 標準答案：(C)

解析：

(A) 奶粉搶購造成需求增加，但國際乳品價格上漲為供給減少。
(B) 奶粉搶購造成需求增加，但國際乳品價格上漲為供給減少。
(C) 限購只會造成需求恐慌，無助於緩解漲價壓力。
(D) 保證一個月不漲價，因預期心理，無助於緩解漲價壓力。

107 年指考「公民與社會」

　　借貸市場裡存款者提供資金給銀行屬於資金供給，借款者向銀行借入資金屬於資金需求，其中存款者和借款者除了一般民眾和企業外，政府也可扮演這兩種角色。下列政府政策何者直接造成資金供給的變動？

(A) 政府編列預算設立初創基金，存入商業銀行貸放給青年創業
(B) 政府取消廠商投資的租稅抵免措施，造成國內投資意願下降
(C) 政府簡化企業設廠前的環境評估，提高國內企業的投資誘因
(D) 央行實施量化寬鬆買入政府公債，政府將收入存入商業銀行
(E) 央行調降商業銀行的重貼現率，商業銀行跟著降低存款利率
※ 標準答案：(A)(D)(E)

解析：

(A) 政府編列預算設立初創基金，存入商業銀行貸放給青年創業，會造成資金供給增加。
(B) 政府取消廠商投資的租稅抵免措施，造成國內投資意願下降，會造成資金需求減少。
(C) 政府簡化企業設廠前的環境評估，提高國內企業的投資誘因，會造成資金需求增加。
(D) 央行實施量化寬鬆買入政府公債，政府將收入存入商業銀行，會造成資金供給增加。
(E) 央行調降商業銀行的重貼現率，商業銀行跟著降低存款利率，會造成資金供給增加。

108 年指考「公民與社會」

　　國際間禽流感疫情嚴重，據查禽蛋散裝容器為重要傳播媒介。為防止疫情蔓延，影響業者生產與全民健康，政府修改法規，禁止傳統市場販賣禽蛋時採用散裝容器，必須改採一次性使用容器，違者將處以高額罰款，故盛裝與搬運成本大幅增加。

　　關於此項防疫政策對禽蛋市場的影響，下列敘述何者正確？
(A) 民眾可買到一樣安全的禽蛋，需求將增加
(B) 廠商銷售禽蛋的成本會提高，供給將增加
(C) 政府干預禽蛋的銷售方式隸屬於價格管制
(D) 市場的交易價格將因此項防疫政策而上升
※ 標準答案：(D)

(A) 無促使需求提高的敘述。因成本提高，假定其他條件不變，供給將減少。

(B) 因成本提高，假定其他條件不變，供給將減少。

(C) 政府干預禽蛋的銷售方式隸屬於，因無價格上限與價格下限的規定，不屬於價格管制。

(D) 因供給減少，在需求不變的條件下，交易價格會提升。

國際間禽流感疫情深深影響我國生鮮禽蛋業者之產量，其主要原因為何？

(A) 禽蛋業之生產受到世界貿易組織（WTO）的規範

(B) 世界各國彼此相互依存在一個整體的生活環境

(C) 禽流感將提高禽蛋生產成本及業者的生產意願

(D) 禽蛋生產需要全球分工，而我國為重要的一員

※ 標準答案：(B)

(A) 不受 WTO 規範。

(B) 因經濟為全球化，世界各國彼此相互依存在一個整體的生活環境。

(C) 禽流感將提高禽蛋生產成本及降低業者的生產意願。

(D) 我國非禽蛋的重要生產基地，前三大為中國大陸、美國及印度。

109 年學測「社會」

　　屏東種植紅豆的農民，過去為避免鳥害造成農損，會利用毒餌造成小型鳥類死亡，進而導致撿食的老鷹跟著中毒。近來因維護生態環境，農夫改變耕作方式，在播種期不毒鳥、採收時不用落葉劑，以新創農業的方式建立「老鷹紅豆」品牌以及產銷履歷。雖然生產紅豆的成本上升，但有效提升消費者對產品的評價，使市場銷售價格與數量都大幅提升。老鷹紅豆的契作地區主要在屏東東港和萬丹一帶。

　　根據題文，以下何者最可以表現屏東紅豆由傳統產銷方式到新創品牌後，其市場供給與需求的變動情形？

(A) 供給線上移，需求線上移，且前者移動幅度大於後者
(B) 供給線上移，需求線上移，且後者移動幅度大於前者
(C) 供給線上移，需求線下移，且後者移動幅度大於前者
(D) 供給線下移，需求線上移，且前者移動幅度大於後者
※ 標準答案：(B)

解析：

　　因萬丹紅豆的種植方法改變，造成紅豆的生產成本提高，推論供給線會上移（左移），但自創品牌，消費者的評價上升，銷售價格與數量都提升，推論需求線上移（右移），且移動幅度大於供給線。

2-2 供給與需求均衡

需求法則（Law of Demand）表明在其他因素不變的條件下，商品或服務的價格與消費者購買該商品或服務的數量之間存在著負相關關係。這意味著，當商品的價格下降時，消費者會購買更多的商品；相反，當商品的價格上升時，消費者購買的數量則會減少。

這一法則反映了消費者對價格變化的反應，並假設消費者在做出購買決策時會尋求最大化自己的效用（滿足感或幸福感）。需求法則可以通過需求曲線來圖形化表示，需求曲線是一條向右下方傾斜的曲線，表示價格與需求量之間的反向關係。

需求法則背後的原因包括：

1. 替代效果（Substitution Effect）：當一種商品的價格下降時，相對於其他價格保持不變的商品來說，該商品變得更便宜，消費者更傾向於購買這種相對便宜的商品，從而增加了其需求量。

2. 所得效果（Income Effect）：價格下降使得消費者在保持原有消費水準的同時節省了資金，實際上增加了消費者的可支配收入，使得消費者能夠購買更多的商品。

供給法則（Law of Supply）指出在其他因素保持不變的情況下，商品或服務的價格與生產者願意且能夠提供的該商品或服務的數量之間存在正相關關係。這意味著，當商品的價格上升時，生產者會增加供應量以獲取更高的收益；反之，當商品的價格下降時，生產者則會減少供應量以避免損失。

這一法則的背後原理是，高價格提供了給生產者更多的利潤機會，從而激勵他們增加生產；而低價格則減少了生產的吸引力。供給法則可以通過供給曲線來圖形化表示，供給曲線是一條向右上方傾斜的曲線，表示價格與供給量之間的正向關係。

瞭解供給需求法則之後，就可以更清楚供給需求均衡（Supply and Demand Equilibrium）的概念。

供給需求均衡指在特定的價格水準下，商品或服務的供給量與需求量相等的情況。這個價格稱為均衡價格（Equilibrium Price），相應的數量稱為均衡數量（Equilibrium Quantity）。在這一點上，市場上的商品或服務既不會過剩也不會短缺，生產者和消費者達到一種相互滿意的狀態。

如何達到供給與需求均衡呢？

　　當市場上的商品或服務價格高於均衡價格時，供給量會超過需求量，形成供應過剩。生產者為了銷售多餘的商品，會逐漸降低價格，直到價格下降到均衡價格，供需達到平衡。

　　相反，當商品或服務價格低於均衡價格時，需求量會超過供給量，形成需求過剩。消費者競相購買商品，導致價格上升，直到價格上升到均衡價格，供需再次達到平衡。

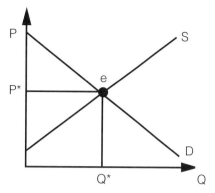

■ 圖 2-1：供給與需求均衡模型

　　在供給需求模型中，需求曲線通常向下傾斜（表示價格與需求量之間的負相關，如上圖的 D 線），而供給曲線通常向上傾斜（表示價格與供給量之間的正相關，如上圖的 S 線）。兩條曲線在均衡點交匯（如上圖的 e 點），這一點即反映了均衡價格（如上圖的 P* 點）與均衡數量（如上圖的 Q* 點）。

　　除了供給與需求平衡之外，當市場受到價格管制時，以價格上限（Price Ceiling）與價格下限（Price Floor）的管制手法最為常見。

▼ 表 2-2：價格下限與價格上限

價格下限	價格上限
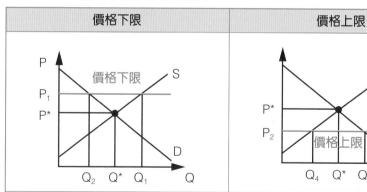	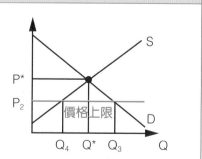
價格下限是設定商品或服務的最低價格，以保障生產者收入，例如最低工資法規定勞工的最低時薪，保障勞工的基本生活所需。 當實施價格下限時，P₁ 以上的價格為有效區，因 P₁ 超過均衡價格 P*，將會造成供過於求，即 Q₁ 與 Q₂ 之間的差額數量。	價格上限是政府設定的商品或服務最高價格，目的是防止價格過高，以保護消費者。例如：租金管制限制租金漲幅，以確保租客能負擔得起住房成本。 當實施價格上限時，P₂ 以下的價格為有效區，因 P₂ 低於均衡價格 P*，將會造成求過於供，即 Q₃ 與 Q₄ 之間的差額數量。

105 年指考「公民與社會」

當市場供給和需求皆發生變動時，將使市場價格與數量同時受到影響，下列哪些情形，可能使市場呈現「價跌量縮」的現象？
(A) 供給增加，需求減少 (B) 供給增加，需求增加
(C) 供給減少，需求減少 (D) 供給減少，需求增加 (E) 供給不變，需求增加
※ 標準答案：(A)(C)〔實際尚無解，因為題旨無法確定供給線與需求線彈性以及變化程度〕

解析：

(A) 供給增加，需求減少：供給增加則量增價跌，需求減少則量縮價跌，所以價量都不確定。
(B) 供給增加，需求增加：供給增加則量增價跌，需求增加則量增價增，所以量一定增，但價不確定。
(C) 供給減少，需求減少：供給減少則量縮價增，需求減少則量縮價跌，所以量一定縮，但價不確定。
(D) 供給減少，需求增加：供給減少則量縮價增，需求增加則量增價增，所以價量都不確定。
(E) 供給不變，需求增加：需求增加則量增價增。

111 年學測「社會」

某地區因氣候乾燥，雷暴閃電誘發的火苗引發大規模森林野火，經濟損失慘重。此地是著名的葡萄酒鄉，葡萄酒產量占該國的 90%，但森林野火波及並燒毀許多葡萄園和酒莊，嚴重影響當年葡萄酒市場。有學者認為，此極端氣候與該國過高的排碳量有關，主要來自石油的消耗。為避免災害再次發生，該國政府將於 2035 年禁止燃油車的使用並逐步改用綠能發電。此舉不利多數產業的發展，引發許多業者不滿。請問：

依據題文資訊並從供需架構分析，森林野火對該國當年葡萄酒市場有何

影響？請在答題卷表格中勾選一項變化，並說明若葡萄酒價格不變，此時供給量與需求量之間出現的現象可稱為？

※ 標準答案：葡萄酒市場供給減少，產生超額需求

解析：

　　當葡萄酒市場處於均衡時，均衡數量是 Q^*，當森林野火造成葡萄園和酒莊燒毀，此非價格因素，供給線左移為 S_1，在需求不變的情況下均衡數量應為 Q_1，此時 $Q_1 < Q^*$。假若價格維持不變，對應原先的供給線 S_1，廠商願意供給的數量為 Q_2，市場願意消費的數量仍為 Q^*，此時 $Q_2 < Q_1 < Q^*$，造成超額需求。

112 年學測「社會」

　　根據學者研究，荷蘭東印度公司與日本的進出口生意，於 1633 年後再度開張，並在 1638-1639 年達到高峰，成為日本最主要貿易夥伴之一。下圖為東印度公司與日本貿易興盛時期，販售所有商品及生絲的毛利潤（銷售收入－購買成本），其中生絲資料表示東印度公司賣生絲給日本所賺的錢。請問：

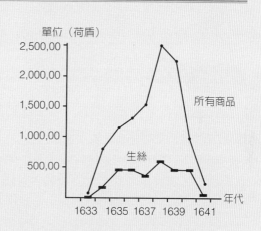

　　比較圖中 1633 和 1638 年生絲毛利潤的變動，假設此期間其他條件不變且東印度公司對日本國內生絲的供給不變，針對此期間日本國內生絲市場供需的推論，下列何者最合理？

(A) 因價格提高，市場呈現供不應求

(B) 因價格提高，促使日本減少進口

(C) 因需求增加幅度大於供給增加，市場價格提高

(D) 因需求減少幅度大於供給減少，市場價格提高

※ 標準答案：(C)

　　1633 年到 1638 年的生絲毛利潤屬於增加的趨勢，屬於東印度公司（出口）到日本（進口）的金額增加，合理推論是日本境內需求提高大於供給增加的程度。

112 年學測「社會」

　　其他條件不變下，原產地標示原則的實施，對於國產豬肉與萊豬市場的均衡價格與數量，最有可能造成何種變化？

(A) 國產豬肉價格上升，數量上升；萊豬的價格下降，數量下降

(B) 國產豬肉價格上升，數量下降；萊豬的價格下降，數量上升

(C) 國產豬肉價格下降，數量下降；萊豬的價格上升，數量上升

(D) 國產豬肉價格下降，數量上升；萊豬的價格上升，數量下降

※　標準答案：(A)

解析：

　　原產地標示原則的實施，將使消費者更容易辨識國產豬肉與萊豬，進而影響兩者的市場需求。

　　國產豬肉的市場需求增加，將導致其價格上升、數量上升。萊豬的市場需求減少，將導致其價格下降、數量下降。

　　國產豬肉部分，因原產地標示原則的實施，將使消費者更容易辨識國產豬肉。由於部分消費者偏好國產豬肉，因此國產豬肉的市場需求將會增加。在市場需求增加的情況下，國產豬肉的價格將會上升。廠商為了生產更多國產豬肉以滿足市場需求，將會增加生產量，因此國產豬肉的數量將會上升。

　　萊豬部分，原產地標示原則的實施，將使消費者更容易辨識萊豬。由於部分消費者對萊豬有疑慮，因此萊豬的市場需求將會減少。在市場需求減少的情況下，萊豬的價格將會下降。廠商為了減少虧損，將會減少生產量，因此萊豬的數量將會下降。

　　綜合以上分析，原產地標示原則的實施，最有可能造成國產豬肉價格上升、數量上升；萊豬的價格下降、數量下降。

111 年分科「公民與社會」

　　今年初基本工資上調到 25,250 元，原本理論預測調高基本工資會引發失業，但臺灣今年面對的卻是缺工潮來襲。論者認為這是因為全球半導體短缺，臺灣相關產業的人才需求旺盛，間接吸走了其他產業的人力，加上疫情後有些人選擇離開職場，各行各業突然都缺人。請問：

　　根據題文所述，臺灣今年勞動市場並未因調升基本工資而產生理論預測的結果，最可用下列哪一圖形解釋？請在答題卷先勾選正確的圖形，再依據圖形解釋，該基本工資之調整未符理論預期的原因。

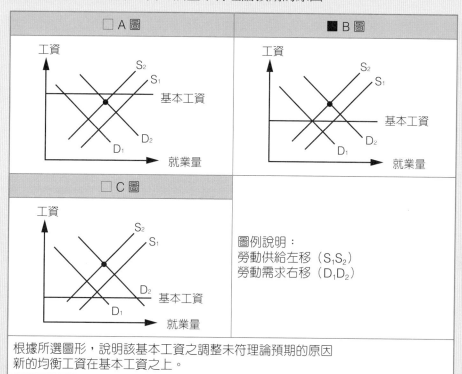

根據所選圖形，說明該基本工資之調整未符理論預期的原因
新的均衡工資在基本工資之上。

解析：

　　缺工潮代表勞工的供給產生變化，供給線會從 S_1 左移至 S_2，此時勞工需求旺盛，需求線會從 D_1 右移至 D_2，新的均衡點應為 S_2 與 D_2 的交點。

　　惟基本工資並未超過均衡工資，新的均衡工資在基本工資之上。

　　某地區網路服務市場原本共有六家廠商，今年經併購後減少為四家。在不考慮其他條件下，前述變動對該地區廠商聯合漲價難易度的影響，下列哪項分析最合理？

(A) 因彼此競爭激烈，消費者容易找到替代品，提升聯合漲價的難度

(B) 因網路使用便利性提高，吸引更多人使用，提升聯合漲價的難度

(C) 用戶共享網路服務，使廠商營運成本降低，更容易形成聯合漲價

(D) 競爭家數減少，廠商為了獲取更高的利潤，更容易形成聯合漲價

※　標準答案：(D)

解析：

(A) 錯誤。題目沒有提及網路服務的替代品問題，且本題焦點在於廠商數量的變化。

(B) 錯誤。便利性提高吸引更多用戶，與聯合漲價的難易度無直接關係。

(C) 錯誤。營運成本降低會提高利潤，但無法直接導致廠商聯合漲價。

(D) 正確。當市場競爭家數減少時，剩餘廠商更容易形成寡頭或壟斷市場，為了獲取更高的壟斷利潤，業者更有動機聯合漲價。

112 年分科「公民與社會」

　　冷戰結束後的數十年間，跨國企業曾無需擔心地緣政治因素，在全球拓展商業。然而，近日有學者撰文指出，全球正劃分為二個互相競爭的集團，一個由西方領導，另一個由中國領導，跨國企業不能再忽視地緣政治。另一項調查報告則指出，跨國公司管理階層憂心與不憂心中國及其鄰近區域政治風險的比例，已經從 2021 年的 2:1，提升至目前的 20:1。不少跨國公司對於依賴中國製造及銷售的情況感到不安，也認為依照中國當前的政治特性，目前唯一可以預測的就是它的不可預測性，因而計劃將部分製造、供應鏈和銷售轉移到更友善的國家。請問：

　　依據題文推論，跨國公司的轉移計畫對於中國當年度勞動市場薪資的影響，最可能是下列何者？

(A) 工廠外移減緩景氣動能，降低求職者尋職誘因進而薪資下滑

(B) 工廠外移減少跨國企業的工作職缺，不利於薪資上漲的態勢

(C) 銷售轉移導致民眾增加購買國貨，推升勞動供給與薪資上漲

(D) 銷售轉移帶動企業投資，釋放職缺並帶動勞動供給推升薪資

※ 標準答案：(B)

解析：

(A) 錯誤。工廠外移雖然可能減緩經濟動能，但主要影響是勞動需求的減少，而非影響求職者尋職意願。

(B) 正確。跨國公司將部分製造業務轉移出中國，意味著在中國的工作機會減少，勞動需求下降。勞動需求下降會抑制薪資上漲，甚至可能導致薪資下跌。

(C) 錯誤。題目提到的是跨國公司的銷售轉移，不太可能直接影響國內勞動供給和薪資水平。

(D) 錯誤。銷售轉移不太可能促使企業在中國增加投資和新職缺，反而更可能減少在中國的業務規模。

價值

　　價值（Value）包含了對商品或服務效用的評估（使用價值），也涉及到商品或服務在市場上的交易能力（交換價值）。這兩種價值雖然從不同的角度解釋了商品和服務的價值，但都是理解經濟交易和市場運作的關鍵。

1. 使用價值（Utility Value）：反映了商品或服務對個人的主觀滿足或效用。這種價值是主觀的，因為不同的人對相同的商品或服務可能有不同的偏好和需求。例如：對於一位饑餓的人來說，一頓餐點的使用價值可能遠高於其實際的交換價值；而對於已經飽腹的人，這份餐點的使用價值則可能大打折扣。

2. 交換價值（Exchange Value）：指商品或服務在市場上的交換能力，通常用貨幣來衡量。這種價值是客觀的，因為它基於市場上供需關係的變化而變化，並由此確定商品或服務的市場價格，交換價值展現了商品或服務作為一種經濟資源在市場交易中的價值和地位。

圖 2-2：使用價值與交換價值的區別，食物可以吃指的是使用價值（Utility Value），食物若拿來市場銷售，就有交換價值（Exchange Value）。

2-4 價值的矛盾

價值的矛盾（Paradox of Value），也稱爲水與鑽石悖論（Water-Diamond Paradox），是經濟學中一個經典問題，這一悖論指出了日常生活中一個看似矛盾的現象——某些對人類生存至關重要的商品（如水）價格卻非常低廉，而某些非必需品（如鑽石）的價格卻異常昂貴。

這一矛盾的解釋依賴於邊際效用（Marginal Utility）的概念。邊際效用指的是消費者從消費額外一單位財貨或服務獲得的額外滿足（效用）。隨著消費量的增加，從每增加的單位財貨或服務中獲得的額外滿足會遞減，這就是所謂的邊際效用遞減法則（Law of Diminishing Marginal Utility）。

1. 水的邊際效用：由於水是廣泛可得的，人們可以輕易地滿足基本的需求。因此，額外一單位水提供的額外滿足很低，導致其邊際效用低，價格也相對較低。

2. 鑽石的邊際效用：與水相反，鑽石稀有且不是生活必需品，一額外單位鑽石提供的額外滿足相對較高，因此其邊際效用高，價格也較高。

一般而言，市場價格反映的是商品的邊際效用而非總效用，即使水的總效用遠遠超過鑽石，因爲水的邊際效用較低，所以其價格也低；相反地，鑽石的邊際效用較高，價格自然也就高。

但是，在特殊情況下（如乾旱），水變得稀少性，其邊際效用就會大幅提升，這時候，水的價格可能會大幅上升，甚至超過鑽石。這說明在不同條件下，商品的邊際效用和相應的市場價格是會變化的。

圖 2-3：水與鑽石的價值矛盾

2-5 家戶與廠商

家戶和廠商（Household and Firm）是市場經濟的兩大主要參與者，它們之間的互動構成了市場經濟的基礎。這種互動不僅涉及商品和服務的交換，也包括生產要素（如勞動、土地和資本）的交換。

家戶在經濟學中通常指一個人或一群居住在同一個屋簷下的人，作為決策單位參與經濟活動，家戶的主要功能包括：

1. 消費者角色：家戶是商品和服務的消費者，他們根據自己的偏好和預算限制，決定購買哪些商品和服務。

2. 生產要素提供者：家戶提供生產要素，例如勞動力、土地和資本給廠商以生產商品和服務。家戶通過提供這些生產要素來獲得收入，如工資、租金和利息。

廠商是從事商品和服務生產與銷售的經濟實體，廠商的基本功能包括：

1. 生產者角色：廠商決定生產哪些商品和服務，以及生產的數量和技術方法，以滿足市場需求。

2. 生產要素的需求者：為了生產商品和服務，廠商需要從家戶那裡購買或租用生產要素，如僱用勞動力、租用土地和購買資本。

家戶和廠商在市場上的互動形成了經濟活動的核心，這種互動主要通過兩個市場發生：

1. 產品市場：家戶作為消費者購買廠商生產的商品和服務。這種交換過程決定了商品和服務的價格和交易量。

2. 要素市場：家戶提供生產要素（如勞動、土地和資本），而廠商支付相應的報酬（如工資、租金和利息）來獲得這些要素。這決定了生產要素的價格和分配。

這種互動不僅促進了資源的有效分配，也推動了經濟的增長和發展。家戶和廠商之間的決策和行為，受到價格機制的調節，價格機制反映了市場供需關係的變化，指導家戶和廠商做出經濟決策。經濟政策和市場環境的變化也會影響這種互動模式，進而影響整個經濟的運行。

高中高職經濟學圖解速成：學測、分科不求人

66

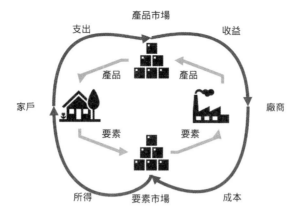

圖 2-4：家戶與廠商互動循環示意圖

　　生產（Production）是經濟活動中的一個核心過程，涉及將不同的生產要素或資源組合起來，創造出商品和服務以滿足人類需求和慾望的過程。這些生產要素通常包括土地（自然資源）、勞動（人力資源）、資本（製造資源如機器和工具）以及企業家精神（創新和風險管理能力）。

　　生產的主要目的是創造價值，通過製造商品和提供服務來滿足人們的需求和願望。這不僅包括生產物質商品，如食品、服裝和汽車，也包括提供各種服務，如教育、醫療和娛樂。

　　生產過程包含以下的程式：

1.. 輸入（Inputs）：生產過程開始於輸入階段，這包括所有必要的生產要素，如原物料、勞動力、資本和技術。

2. 轉化過程（Transformation Process）：在這一階段，通過一系列物理、技術或化學變化，將輸入轉化爲最終的產品或服務。這個過程可能涉及組裝、加工、煉製等活動。

3. 輸出（Outputs）：轉化過程的結果是產品或服務的創造，即生產過程的輸出。這些輸出隨後被送往市場供消費者購買和使用。

　　此外，生產效率是衡量生產過程效果的一個重要指標，以最小的資源投入獲得最大的產出。提高生產效率意味著更好地利用資源，減少浪費，並最終提高產品和服務的品質與數量。與生產效率有關的是企業的技術進步，技術進步是推動生產力提高和生產方式變革的關鍵因素。新技術的引入可

以使生產過程更加高效、節省成本並提高產品品質，從而在市場上創造競爭優勢。

此外，生產要素是指用於生產商品和服務的資源，這些資源在生產過程中被組合和利用以創造經濟價值。傳統上，這些生產要素被分為四大類：勞動、土地、資本和企業家精神。

1. 勞動（Labor）：勞動是指人們為了生產商品和服務而投入的體力和智力工作。它包括員工的數量以及他們的技能、經驗和教育水準。勞動是生產過程中不可或缺的要素，因為無論生產何種商品或提供何種服務，都需要人的參與。

2. 土地（Land）：土地在經濟學中被定義為自然資源的總和，它包括地球表面的所有自然資源，如森林、礦藏、水源以及用於建築工廠和辦公室的地塊。土地作為生產要素，提供了生產活動所需的物理空間和原材料。

3. 資本（Capital）：資本指的是在生產過程中被用來製造其他商品的人造資源。這包括機器、工具、建築物和其他設備，甚至也包括原材料。資本與土地的主要區別在於資本是由人類創造的，而土地是自然存在的。

4. 企業家精神（Entrepreneurship）：企業家精神是指個人或團隊發現市場機會並組織其他三種生產要素以追求創新和利潤的能力。企業家不僅承擔風險，而且還負責計畫、管理和決策，他們是推動經濟發展和創新的關鍵力量。

這四大生產要素相互依賴，共同作用於生產過程中。企業通過組織和利用勞動、土地和資本來生產商品和服務，而企業家精神則負責將這些資源有效地結合在一起，創造出市場上需求的商品和服務。理解這些生產要素及其如何被組織和利用，對於分析經濟活動和制定經濟政策都至關重要。

106 年指考「公民與社會」

經濟發展需要多項要素的投入與密切配合。以下有關各項要素的敘述，何者正確？

(A) 機器、廠房、設備是經人為製造而得，屬於人力資本

(B) 個人之公德心、群體的互信與共同價值屬於社會資本

(C) 自然資源有限，因此缺乏的國家，其國民所得必然偏低

(D) 企業才能為經營者之教育程度，程度越高獲利能力越大

※ 標準答案：(B)

解析：

(A) 機器、廠房、設備是經人為製造而得，屬於生產要素。

(C) 國民所得與自然資源是否匱乏並無直接關聯，如我國的自然資源相當匱乏，但國民所得不低。

(D) 企業才能與獲利程度並無直接關聯。

彈性

經濟學的彈性（Elasticity）分爲需求彈性（Elasticity of Demand）與供給彈性（Elasticity of Supply）兩種。

需求彈性是一個衡量需求量對價格變化敏感程度的經濟學指標，需求彈性表示價格變動對消費者購買意願的影響大小。需求彈性的計算公式爲需求量的百分比變化除以價格的百分比變化，具體來說，需求彈性反映了價格上升或下降時，需求量相應增加或減少的比例。

需求彈性的類型共分四種：無彈性需求（Inelastic Demand）、有彈性需求（Elastic Demand）、完全無彈性需求（Perfectly Inelastic Demand）與完全有彈性需求（Perfectly Elastic Demand），說明如下：

▼ 表 2-3：需求彈性的類型

	無彈性需求	有彈性需求	完全無彈性需求	完全有彈性需求
說明	當需求彈性的絕對值小於1時，表明價格變動對需求量的影響較小。這種情況下，即使價格有所變化，消費者的購買量也不會有太大變化，通常發生在沒有替代品的商品上。	當需求彈性的絕對值大於1時，表示價格變動對需求量的影響較大。這類商品的需求量對價格非常敏感，價格的輕微變化就可能導致需求量的顯著變化，常見於有多種替代品的商品。	當需求彈性等於0時，表示需求量與價格無關，無論價格如何變化，需求量都保持不變。這種情況較為理論化，但在實際中某些極端情況下可能出現，如對某些特定醫療用品的需求。此時，需求線是一條垂直線。	當需求彈性為無窮大時，意味著消費者對價格極度敏感，任何價格的微小上升都會使需求量降至零。這種情況假定市場上存在完全相同的替代商品，使得消費者可以輕易地從一種商品轉向另一種價格更低的商品。此時，需求線是一條水平線。

彈性＜1

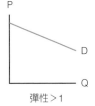
彈性＞1

彈性=0

彈性無窮大

▌ 圖 2-5：不同類型的彈性需求

供給彈性是衡量供給量對價格變化反應程度的指標，供給彈性表示在價格變動時，生產者願意且能夠供應的商品數量變化的程度。供給彈性的計算公式是供給量的百分比變化除以價格的百分比變化。正如需求彈性反映了價格變化對消費者購買行為的影響，供給彈性則表示了價格變化對生產者生產決策的影響。

供給彈性的類型共分四種：無彈性供給（Inelastic Supply）、有彈性供給（Elastic Supply）、完全無彈性供給（Perfectly Inelastic Supply）與完全有彈性供給（Perfectly Elastic Supply），說明如下：

▼ 表 2-4：供給彈性的類型

	無彈性供給	有彈性供給	完全無彈性供給	完全有彈性供給
說明	當供給彈性的絕對值小於 1 時，表示價格的變化對供給量影響較小。這通常發生在生產過程需要較長時間或生產資源有限的情況下，使得生產者無法迅速調整產量來應對價格變化。	當供給彈性的絕對值大於 1 時，表明價格的輕微變化會引起供給量的大幅度變化，這種情況常見於生產者能夠輕易調整產量的行業。	當供給彈性等於 0 時，即價格變化對供給量沒有任何影響，供給量保持不變。這種情況在現實中較為罕見，可能出現在供給完全由固定資源決定的情況下。即此財貨存在著與價格無關的剛性需求，此時，供給線是一條垂直線，例如土地。	當供給彈性為無窮大時，任何價格的微小變動都會導致供給量的無限大變化。這是一種極端情況，實際中不常見，理論上可能出現在完全競爭市場中。此時，供給線是一條水平線。

彈性＜1

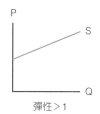
彈性＞1

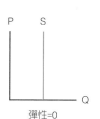
彈性＝0

彈性無窮大

▐ 圖 2-6：不同類型的供給彈性

邊際分析

邊際分析（Marginal Analysis）是經濟學中一種重要的分析方法，用於評估在給定情況下，對生產、成本、收益、消費等經濟變量進行一個單位變化時所產生的影響。這種分析方法核心在於觀察邊際成本（Marginal Cost）和邊際收益（Marginal Benefit）之間的關係，以及如何透過這些資訊來改善決策方案。

1. 邊際成本：邊際成本是指增加一單位產品所增加的總成本。當企業考慮是否增加生產量時，它會關注每增加一單位產品所帶來的額外成本。如果這個額外成本（邊際成本）低於目前產品的銷售價格，那麼增加生產就可能會增加企業的利潤。

2. 邊際收益：邊際收益則是增加一單位產品所帶來的額外收入。在許多情況下，隨著產品銷售量的增加，每增加一單位產品所帶來的額外收入（邊際收益）可能會減少。這是因為市場對於某一產品的需求量是有限的，價格可能需要降低以促進更多的銷售。

邊際分析在許多經濟決策中都非常有用，例如：

1. 生產決策：企業可以使用邊際分析來決定最適生產水準。當邊際收益大於或等於邊際成本時，增加生產是有利的。

2. 定價策略：通過分析產品價格變動對銷量的邊際影響，企業可以確定最優定價點。

3. 資源分配：邊際分析幫助企業或政府機構決定，如何在不同項目或部門之間最有效地分配有限資源。

邊際分析的核心思想是，只要邊際收益大於邊際成本，就應該繼續追求該行動。這一原則幫助個人和企業做出更有效和合理的經濟決策，最大化總體福利或利潤。然而，在實際應用中，準確計算邊際成本和邊際收益可能會面臨資訊不完全、市場變化等挑戰。因此，進行邊際分析時需要考慮這些因素的影響，以做出更精確的決策。

■ 圖 2-7：邊際分析就是一單位、一單位的分析，分析每一個單位變動後的結果。經濟學家站在黑板前，思考著面前這條曲線，進行邊際 (Marginal) 分析。

考題指標程度：★★

110 年指考「公民與社會」

下表為某國國民接受不同年數教育，當年所產生的私人效益、私人成本與社會效益，而其社會成本與私人成本相同。例如：接受教育第 1 年所產生的私人效益為 27 萬元，私人成本為 6 萬元，而社會效益則為 34 萬元，其餘依此類推。

接受教育年數	當年私人效益	當年私人成本	當年社會效益
1	27	6	34
2	24	10	31
3	21	14	28
4	19	18	25
5	15	22	23
6	14	24	21

（成本效益單位：萬元）

根據前述資料，從私人經濟福祉最大的角度，接受教育年數應為幾年？
(A) 2 年　　　(B) 3 年　　　(C) 4 年　　　(D) 5 年

根據前述資料，若想要達到社會福祉最大，政府對私人應該採取何種政策？
(A) 補貼 7 萬元　(B) 課稅 7 萬元　(C) 補貼 3 萬元　(D) 課稅 3 萬元
※ 標準答案：第一題 (C)，第二題 (A)

解析：

第一題：要達到私人經濟福祉最大化，需要使得私人淨效益（私人效益－私人成本）最大。

» 由數據可計算出每一年的私人淨效益：

1 年：27-6 = 21

2 年：24-10 = 14

3 年：21-14 = 7

4 年：19-18 = 1

5 年：15-22 = -7

6 年：14-24 = -10

可見得到第 4 年時私人淨效益最大為 1，此為邊際效益，同時總效益為最大。故從私人經濟福祉考量，應接受 4 年教育，因此，答案為 (C) 4 年。

第二題：要達到社會福祉最大化，須使社會淨效益（社會效益－社會成本）最大。由於題目說明社會成本與私人成本相同，所以可用「社會效益－私人成本」來表示社會淨效益。

» 計算每年的社會淨效益：

1 年：34-6 = 28

2 年：31-10 = 21

3 年：28-14 = 14

4 年：25-18 = 7

5 年：23-22 = 1

6 年：21-24 = -3

因此，要使社會總效益為最大時，教育年是第 5 年，但第 5 年的個人淨效益是 -7，政府應補貼 7 萬元，此時個人淨效益為 0。

邊際效用

邊際效用（Marginal Utility）是指消費者對某種財貨的消費量，於每增加一單位後，衡量其所增加的額外滿足程度，也就是每一單位的滿足變動量。

對應邊際效用的是總效用（Total Utility），指的是每一變動的消費數量，效用的總和。

下表是張三的效用圖表，從表中可以看出總效用愈來愈高，邊際效用在數量為 4 前愈來愈高，在數量 5 之後逐漸降低。一般而言，在邊際效用為正值的情況下，總效用會愈來愈高。

張三的效用表展示了一個典型的邊際效用遞減（Diminishing Marginal Utility）的例子，指的是隨著消費者對某一商品消費量的增加，從每增加的單位商品獲得的額外滿足（即邊際效用）會逐漸減少。

從表中可以觀察到以下幾點：

1. 總效用的增加：隨著消費量的增加，總效用持續增加，這表示張三從消費這種商品中獲得的總滿足程度在不斷提升。

2. 邊際效用的變化：從消費第 1 單位到第 4 單位商品，邊際效用持續增加，這表明在這段階段內，每增加 1 單位消費，張三獲得的額外滿足愈來愈多。然而，從第 5 單位開始，邊際效用開始逐漸降低，顯示額外滿足度在下降。

3. 邊際效用遞減：當消費量達到第 4 單位後，邊際效用開始遞減，這是邊際效用遞減法則的表現。即使邊際效用在遞減，總效用仍然在增加，但增加的速度開始放緩。

這個表格直觀地說明了隨著消費量的增加，消費者從每額外消費的單位商品中得到的滿足程度會減少。這個原則對於理解消費者，如何在有限的預算下，做出最大化自身滿足度的決策具有重要意義。

在實際決策中，消費者會繼續消費一種商品，直到該商品的邊際效用下降到等於其價格為止。當商品的邊際效用低於其價格時，消費者會停止購買，因為進一步的消費不再增加其總滿足程度，或者說增加的滿足程度不再值得其所支付的價格。

▼ 表 2-5：張三的邊際效用與總效用

數量	總效用	邊際效用
1	30	
2	45	15
3	62	17
4	82	20
5	100	18
6	115	15
7	126	11
8	134	8
9	140	6
10	143	3

邊際效用遞減法則（The Law of Diminishing Marginal Utility）指出隨著某種財貨或服務的消費量增加，從每增加的單位獲得的額外滿足度（邊際效用）將逐漸減少，即使總效用還在增加。這一法則反映了在消費過程中，消費者對於額外消費單位的評價逐漸降低的現象。

假設一個人在餐廳吃披薩。第一片披薩給予他極大的滿足（高邊際效用），因為他感到很餓，這第一片披薩非常符合他的需求。當他繼續吃第二片、第三片時，每一片披薩帶來的額外滿足度逐漸降低，因為他的飢餓感正在被滿足，對於更多披薩的需求降低了。當他吃到第七或第八片披薩時，可能已經感到飽膩，那麼這時候邊際效用甚至可能為負，因為這會使他感到不適。

邊際效用遞減法則在經濟學中有著廣泛的應用，特別是在理解消費者的購買決策、分析市場需求、制定產品定價策略等方面。邊際效用遞減法則解釋了為什麼商品和服務的消費會隨著時間和數量的增加而達到一個飽和點，並且為什麼消費者會選擇多樣化消費品，而不是只消費一種商品。

在實際生活中，瞭解邊際效用遞減法則可以幫助消費者做出更合理的消費選擇，企業設計更有效的銷售策略，以及政策制定者考慮如何最有效地分配資源以滿足公眾的需求。例如：多樣化的產品線可以幫助企業滿足消

費者對不同商品和服務日益增長的需求，從而最大化銷售和利潤。

同理，邊際報酬遞減法則（Law of Diminishing Marginal Returns）描述了在保持其他生產要素不變的情況下，當一個生產要素（如勞動）的投入量逐漸增加時，該要素的邊際產量（即每增加一單位要素所產生的額外產量）會逐漸減少的現象。

這一法則的背後原理是，當一個或多個生產要素固定時，增加另一個生產要素的投入會在初期提高生產效率和產量，但達到某一點後，每增加的單位生產要素對產量的貢獻會開始減少。這是因為固定生產要素的限制開始成為約束，使得額外的生產要素無法得到充分利用。

假設一家工廠的生產設備數量固定，隨著勞工數量的增加，每位勞工可操作的機器數量減少，因此每增加一位勞工所帶來的產量增加會愈來愈少。最初，增加勞工可以顯著提高總產量，因為更多的勞工可以更有效地利用工廠的設備。但當勞工數量達到一定水準後，由於設備數量有限，新加入的勞工不能像之前那樣有效地提高產量，甚至可能因為擁擠導致生產效率下降。

圖 2-8：吃披薩的邊際效用遞減示意圖，從左上開始，吃披薩的邊際效用愈來愈低，直到右下，吃太飽而差點吐出來（邊際效用為負）。

成本（Cost）的概念用於衡量生產商品或提供服務所需的經濟資源，以下是成本概念的一些關鍵分類：

1. 機會成本（Opportunity Cost）：機會成本是指為了某種選擇放棄的下一個最佳選擇的價值。它代表了選擇間的取捨，是一種隱含成本，因為它不會在財務報表中直接顯示，但對於做出經濟決策極為重要。

2. 總成本（Total Cost）：總成本是指生產特定數量商品所需的全部成本，包括固定成本和變動成本。

3. 邊際成本（Marginal Cost）：邊際成本是指生產額外一單位商品所增加的成本。在初期，邊際成本可能隨著產量增加而下降，因為規模經濟效應。但隨著產量繼續增加，邊際成本可能會上升，反映了生產中的效率損失。

4. 平均成本（Average Cost）：平均成本是指總成本除以生產的商品數量，它反映了每單位產品的平均成本。隨著產量增加，固定成本被更多單位分攤，因此平均成本可能會下降。

5. 固定成本（Fixed Cost）：固定成本是指在生產過程中不隨產量變化而變化的成本，如租金、保險和部分管理費用。這些成本即使在不生產任何商品時也需要支付。

6. 變動成本（Variable Cost）：變動成本是指隨著生產量的增加而增加的成本，如原材料、直接勞工以及與生產量直接相關的能源費用。變動成本與邊際成本緊密相關，因為每增產一單位所需的額外成本主要由變動成本構成。

下表為某工廠生產某財貨的成本結構，總成本隨著生產數量增加而增加，邊際成本開始下降，直到第 50 單位之後開始上升。平均成本因固定成本分攤了規模產量，所以呈現曲線下降的趨勢。

▼ 表 2-6：一家工廠的不同成本

數量	總成本	固定成本	邊際成本	平均成本
10	800	500		80.0
20	950	500	150	47.5
30	1,090	500	140	36.3
40	1,220	500	130	30.5
50	1,360	500	140	27.2
60	1,510	500	150	25.2
70	1,670	500	160	23.9
80	1,840	500	170	23.0
90	2,020	500	180	22.4
100	2,210	500	190	22.1

總成本

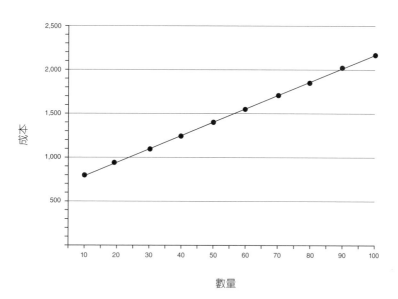

圖 2-9：總成本曲線圖

邊際成本

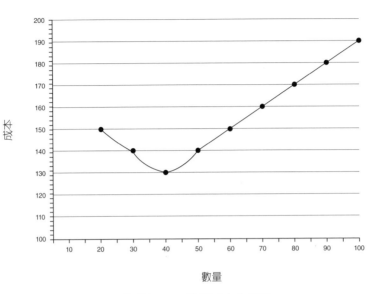

▌圖 2-10：邊際成本曲線圖

平均成本

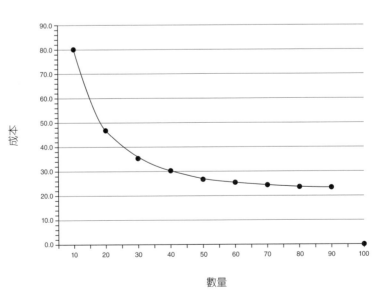

▌圖 2-11：平均成本曲線圖

2-10 邊際產量與平均產量

邊際產量（Marginal Product）指在其他生產要素保持不變的條件下，增加一單位特定生產要素（通常是勞動或資本）所導致的產出（生產量）的變化量。簡而言之，邊際產量反映了生產過程中某一生產要素投入增加的效率。

邊際產量通常用來衡量勞動或資本的生產效率，並可以用數學公式表示為：$MP = \Delta Y / \Delta L$，其中，MP 是邊際產量，ΔY 是產出的變化量，ΔL 是勞動（或其他生產要素）的變化量。

邊際產量的重要性：

1. 生產決策：企業利用邊際產量來決定是否增加勞動或其他生產要素的投入。如果增加一單位生產要素能夠帶來的邊際產量大於其成本，則增加投入是有益的。
2. 效率評估：邊際產量可以用來評估企業的生產效率，特別是在資源配置方面。高邊際產量意味著資源使用效率高。
3. 經濟增長：在總體經濟學中，勞動和資本的邊際產量對於理解經濟增長和生產力提高具有重要意義。

與邊際產量有關的理論是邊際產量遞減法則（Law of Diminishing Marginal Returns），邊際產量遞減法則是指在其他生產要素固定的情況下，隨著某一特定生產要素（如勞動）的持續增加，其對產出的邊際貢獻將逐漸減少。這意味著，當勞動或資本的投入量達到一定程度後，每增加一單位的產出增量會開始下降，這是因為固定生產要素的使用效率降低。

平均產量（Average Product）是指每單位勞動（或其他生產要素）的平均生產量，將總量除以投入的勞動數量（或其他生產要素的數量）來計算，提供了每個勞動單位對產出的平均貢獻的數量。

計算公式：

例如：如果一家工廠使用 10 個工人生產了 100 個單位的產品，那麼平均產量就是 10 個單位 / 人。

▼ 表 2-7：邊際產量與平均產量的分別

	邊際產量	平均產量
說明	其他生產要素保持不變的條件下，增加一單位特定生產要素（通常是勞動或資本）所導致的產出（生產量）的變化量。	每單位勞動（或其他生產要素）的平均生產量，將總產量除以投入的勞動數量（或其他生產要素的數量）。

　　邊際產量和平均產量之間的關係可以反映出生產過程的效率變化。當邊際產量高於平均產量時，平均產量會上升；當邊際產量低於平均產量時，平均產量會下降。這是因為每增加的勞動單位（或其他生產要素）對總產量的貢獻大於之前所有勞動單位的平均貢獻時，平均產量自然會提高，反之則會降低。

所得效果與替代效果

　　所得效果（Income Effect）指的是當消費者的購買力改變時，需求量也會改變的效果。

　　舉例來說，當米的價格下降時，消費者比較買得起米，意即消費者對米的購買力提升，需求量也會增加，這增加的數量稱之爲所得效果。

　　所得效果描述了消費者實際收入或購買力變化對其購買行爲的影響。當商品價格下降時，消費者在不增加支出的情況下，就能買到更多的商品，或者在購買相同數量的商品時花費更少，從而相對增加了消費者的購買力。這種由於價格變動而導致的購買力改變，進而影響需求量的現象，就是所得效果。

所得效果可以是正向的也可以是負向的：

1.　正向所得效果：當商品價格下降時，消費者感覺自己的購買力增加了，因此可能會增加對該商品的需求量。同理，當收入增加時，消費者的購買力提高，對商品的需求量也會增加。

2.　負向所得效果：在某些情況下，收入的增加可能會導致對低價或劣質商品的需求量減少，因爲消費者可能會轉而購買更高品質或更昂貴的商品。這種情況下，所得效果對需求量的影響是負向的。

▌ 圖 2-12：消費者發現米降價了，他用同樣的花費，可以買到更多的米，這就是所得效果。

　　替代效果（Substitution Effect）描述了消費者如何在商品價格變化時，重新分配其消費模式，選擇相對便宜的替代品來最大化其效用或滿足度。

　　當一種商品的價格上升（或下降），而其他商品的價格保持不變時，相對價格（即商品間的價格比率）就會改變。消費者傾向於從價格較高的商品轉向價格較低的商品，因為後者現在相對更具成本效益，這種價格變動導致的需求量變化就是替代效果。

▌圖2-13：消費者發現米漲價了，但麵包價格不變，他決定少買米，多買麵包，這就是替代效果。

　　替代效果對市場需求曲線和消費者行為有重要影響。它幫助解釋了為什麼某些商品的需求會隨著價格的變化而顯著變化，特別是那些有較多替代品的商品。例如：當米的價格上漲時，如果麵包的價格保持不變，那麼消費者可能會減少對米的需求並增加對麵包的需求。

正常財

正常財（Normal Goods）指的是當消費者收入增加時，其需求量也隨之增加的商品或服務。這種財貨的特點是它們與消費者的收入正相關，反映了消費者隨著收入提高而增加對這些商品或服務的消費。

正常財的特徵：

1. 收入增加，需求增加：當消費者的收入提高時，他們更有可能購買更多的正常財，因為這些正常財代表了更高的生活品質或滿足更高層次的需求。

2. 品質和品牌意識：對於許多正常財而言，消費者可能因為品質、品牌、或是商品帶來的附加價值而偏好消費這類的商品，隨著收入的增加，消費者更能夠負擔這類的商品。

3. 多樣性和選擇擴展：隨著收入的增加，消費者不僅會增加對已有正常財的需求，也可能尋求更多樣化，或更高價的商品和服務，以滿足其不斷提高的生活標準。

正常財的概念在經濟學中非常重要，尤其是在分析收入變化對消費行為影響時。瞭解哪些商品是正常財有助於預測經濟變化對市場需求的影響，並可以指導企業和政策制定者在不同經濟環境下做出策略決策。隨著經濟成長，正常財的需求預期會增加，這對於市場趨勢分析和預測具有重要價值。

圖 2-14：所得增加，消費者買更多的蘋果，蘋果就是一種正常財。

劣等財

　　劣等財（Inferior Goods）是指在消費者收入增加時，其需求量反而會減少的商品或服務。這種現象反映了消費者隨著收入提高而改變其消費偏好，轉而購買更高品質或更昂貴的替代品。

劣等財的特徵：

1. 收入與需求反向關係：對劣等財而言，當消費者的收入提高時，對這些商品的需求會下降，因為消費者能夠負擔更好或更貴的商品。
2. 低價與低品質：劣等財往往價格較低，品質相對較低，這類商品往往是消費者在經濟壓力下的選擇。但隨著經濟狀況改善，消費者會減少這類商品的購買。
3. 替代品偏好變化：消費者對劣等財的需求減少，主要是因為隨著收入的增加，他們更傾向於選擇品質更好、服務更佳或品牌效應更強的商品作為替代。

劣等財的例子：

1. 基本食品：如廉價的速食麵、罐頭食品等，在收入較低時可能是家庭的主要食品，但隨著收入增加，人們可能會選擇新鮮或有機食品作為替代。
2. 交通工具：公共交通可能被視為劣等財，因為隨著收入的增加，人們可能更傾向於購買私人汽車。
3. 服裝與家居用品：低價的服裝和家居用品在經濟條件較差時可能是首選，但隨著收入的提高，消費者可能會轉向更高價的品牌或高品質的產品。

圖 2-15：劣等財的概念是當消費者收入增加時，對某項之前常消費的產品（如泡麵），消費減少。

　　劣等財的概念在經濟學中非常重要，尤其是在研究消費者行為和市場需求時。理解哪些商品是劣等財有助於預測經濟增長和收入變化對市場需求的影響。此外，劣等財的存在也提醒我們，並非所有商品的需求都會隨著經濟條件的改善而增加，這對於制定有效的市場策略和公共政策具有重要價值。

互補財（Complements Goods）是指在消費或使用時相互依賴的兩種或多種商品，其中一種商品的需求增加會導致另一種商品的需求同樣增加。互補財的特點是它們通常一起被消費，而且消費的滿足度來自於它們的聯合使用。當其中一種商品的價格下降，使得其需求量上升時，與之互補的商品需求量也會因此增加。

互補財的例子：

1. 汽車和汽油：汽車的需求量增加通常會帶動汽油的需求量增加，因為汽車需要汽油才能行駛。
2. 噴墨印表機和墨水：噴墨印表機的銷售增加，往往會導致對應噴墨印表機墨水的需求量增加，因為噴墨印表機要墨水來進行列印工作。
3. 手機和手機保護殼：當消費者購買新手機時，往往也會購買手機保護殼來保護手機，使得手機保護殼的需求量增加。

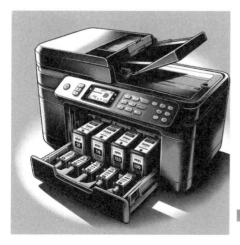

圖 2-16：噴墨印表機和墨水盒就是標準的互補財。

替代財

替代財（Substitutes Goods）指的是在消費者眼中可以相互替代的兩種或多種商品。當其中一種商品的價格上升導致其需求量下降時，消費者可能會轉向另一種較便宜的商品，從而使後者的需求量增加。

替代財的特徵：

1. 價格和需求的關係：一種商品的價格上升會導致替代商品的需求量增加，反之亦然。
2. 消費者偏好：替代財之間的替代程度可能受到消費者偏好的影響。完全替代財在消費者眼中是完全相同的，而不完全替代財則存在一定的差異，消費者可能基於品質、品牌、口味等因素有所偏好。

替代財的例子：

1. 茶和咖啡：對於喜歡含咖啡因飲料的消費者來說，茶和咖啡在一定程度上是互相替代的。如果咖啡的價格上升，一些消費者可能會轉而購買茶。
2. 奶油和人造奶油：在烹飪和食品製備中，奶油和人造奶油可以相互替代。當奶油的價格上升時，消費者可能會選擇較便宜的人造奶油。
3. 汽油車和電動車：隨著電動車技術的進步和成本的降低，它們在一定程度上成為汽油車的替代品，汽油價格的上升可能會促使更多消費者考慮購買電動車。

替代財的經濟影響：

1. 定價策略：企業在定價時需要考慮替代財的存在。價格設定過高可能會導致消費者轉向替代商品，從而減少銷量。
2. 市場競爭：替代財的存在增加了市場的競爭程度。企業需要通過提高產品品質、降低成本或進行創新來維持競爭力。

$100 $50

■ 圖 2-17：對某些消費者而言，咖啡和茶屬於替代財，咖啡漲價了，消費者會少喝咖啡，多喝茶。

季芬財

Robert Giffen（1837-1910）當年發現，英國進口的小麥價格提高時，麵包價格上漲，低收入的勞工反而消費更多的麵包，違背需求法則。這是因為低收入的勞工沒有其他食物的消費來源，當物價上漲時，他們更無力去消費其他食物，只好消費更多的麵包。

季芬財（Giffen Goods）是一種非常特殊的商品類型，其特徵在於商品價格上升時，該商品的需求量不減反增，這似乎違反了經濟學中的常規需求法則。

季芬財的特點：

1. 價格上漲導致需求量增加：對於絕大多數商品而言，價格上升會導致需求量下降，但季芬財卻表現出價格上升時需求量增加的特異性。

2. 低收入消費者的行為：季芬財現象通常發生在低收入群體中，因為他們的消費選擇受限，對基本生活必需品（如基本食品）的依賴性很高。

季芬財現象的出現與所得效果和替代效果的關係有關。當一種基本生活必需品（如麵包）價格上升時，低收入消費者的實際收入下降，使得他們無法負擔其他更

圖 2-18：這是一個季芬財的概念圖，當物價上漲時，消費者因為買不起其他糧食，反而買更多的馬鈴薯。

昂貴的替代品。因此，即便是價格上漲，消費者也可能被迫購買更多的季芬財來滿足基本需求，導致該商品的需求量反而增加。

季芬財的存在使得其需求曲線呈現異常的向上斜率，這與絕大多數商品的需求曲線向下斜率形成鮮明對比。這種現象在實際中相對罕見，因為它需要特定的條件才能發生，主要是低收入消費者對極少數基本商品的需求。

違背需求法則例子除了季芬財之外，另有奢侈財（Luxury Goods），兩者都是價格上升時，消費量反而都增加的財貨。

一般的名牌商品因為具備了身分與地位的象徵，當商品的價格提高時，反而更加彰顯其身分地位，這種商品稱之為奢侈財、炫耀財或韋伯倫商品（Veblen Good）。這種商品能滿足人類的虛榮心，是財富與地位的炫耀，故也稱為炫耀性消費（Conspicuous Consumption）。奢侈財現象最早由經濟學家索斯坦·韋伯倫（Thorstein Veblen），在其著作《有閒階級理論》（The Theory of the Leisure Class）中描述，從而得名。

奢侈財的特點：

1. 身分和地位的象徵：奢侈財往往被視為身分和社會地位的象徵。高昂的價格不僅未使需求量減少，反而增加了這些商品的吸引力，因為它們被用來展示個人的財富和地位。
2. 價格作為品質指標：對於某些消費者而言，更高的價格被視為更高品質或獨特性的指標。
3. 炫耀性消費：購買奢侈財的動機往往與炫耀性消費相關，即消費者購買昂貴商品的目的在於向他人展示其財富和社會地位。

▌ 圖 2-19：名車、豪宅與名筆是標準的奢侈財，透過豪奢的外顯符號表示財富。

利潤最大化

　　利潤最大化（Maximization of Profit）是指企業在其生產決策中尋求達到最大經濟利益的過程。對處於完全競爭市場的廠商而言，由於市場設定了商品的價格，廠商無法通過改變價格來影響其銷售額，因此廠商只能通過調整生產量來尋求利潤最大化。

　　在短期內，一個廠商的利潤最大化生產量發生在邊際收益（Marginal Revenue, MR）等於邊際成本（Marginal Cost, MC）的點。這是因為：

1.　邊際收益（MR）是指增加一單位產品所帶來的額外收入。
2.　邊際成本（MC）是指增加一單位產品所帶來的額外成本。

　　當 MR > MC 時，增加生產會增加總利潤，因為每增加一單位產品帶來的收入高於其成本。當 MR < MC 時，增加生產會減少總利潤，因為每增加一單位產品的成本高於其帶來的收入。因此，當 MR = MC 時，廠商達到了利潤最大化的生產量。

　　假定廠商求短期利潤極大化，因假定農產是完全競爭市場，此時，農民調整售價，只能進行生產量的調整。

　　以下是某個水果的銷售分析，當「邊際收益」等於「邊際成本」（5 元）時，農民的銷售利潤等於 600 元，此時就是最大利潤。（這個收益表中有兩個最高的銷售利潤 600 元，分別是在產量 520 個與 560 個，但是邊際收益等於邊際成本的生產量是 560 個，農民會繼續生產到 560 個。）

　　此時，560 個產量即稱為「利潤最大化生產量」（Profit Maxing Quantity of Output）。

　　這說明了在決定生產量時，農民或廠商會繼續增加生產，直到生產的最後一單位產品的邊際收益等於其邊際成本為止。在此點之後，增加更多的生產只會導致利潤的減少，因此 560 個產品成為了該農民的利潤最大化生產量。

▼ 表 2-8：一家廠商的利潤分析表

產量	價格	銷售額	成本	邊際收益	邊際成本	銷售利潤
0	5	0	1,000			-1,000
140	5	700	1,200	5	1	-500
260	5	1,300	1,400	5	2	-100
370	5	1,850	1,600	5	2	250
460	5	2,300	1,800	5	2	500
520	5	2,600	2,000	5	3	600
560	5	2,800	2,200	5	5	600
590	5	2,950	2,400	5	7	550
600	5	3,000	2,600	5	20	400

價格接受者與價格決定者

　　價格接受者（Price Taker）是指在完全競爭市場中的廠商或個體，這些廠商由於市場上同質性商品的大量存在，使得他們無法通過改變銷售價格來影響市場需求或供應，因此只能按市場價格出售自己的商品或服務。這種情況下的廠商被認為是接受由市場供求關係決定的價格，而無法對其進行影響。

　　完全競爭市場（Perfectly Competitive Market）具有以下幾個主要特點，這些特點共同造就了價格接受者的行為模式：

1. 商品同質性：市場上銷售的所有商品在消費者眼中都是完全相同的，沒有差異性。
2. 進入和退出自由：任何企業都可以自由進入或退出市場，沒有障礙。
3. 市場資訊的完全透明：所有參與者都完全瞭解市場上的價格、產品和可用技術等資訊。
4. 眾多買賣雙方：市場上存在大量的買家和賣家，沒有任何一方能夠獨自影響市場價格。

　　作為價格接受者，廠商在決定生產和銷售策略時必須考慮以下因素：

1. 產量決策：廠商會根據市場價格和自身的邊際成本來決定最適生產量。理想情況下，廠商會增加生產直到其邊際成本等於市場價格。
2. 無價格競爭：由於無法通過價格競爭來吸引顧客，廠商可能會尋求其他方式來增加競爭力，比如提高產品的品質、客戶服務或效率。

　　價格決定者（Price Maker）是指在非完全競爭市場（Imperfect Competitive Market）中，具有設定其商品或服務價格的能力的企業或廠商。這種能力通常來自於市場上缺乏足夠的競爭商品，或者廠商對市場有相對的控制權。價格決定者可以根據自身的成本結構、市場需求和戰略目標來自主設定價格，而不是僅僅接受市場上由供求關係決定的價格。

　　價格決定者通常出現在以下幾種不完全競爭市場中：

1. 獨占（Monopoly）：市場上只有一家供應商，無直接競爭對手。獨占者可以自由設定價格，但需考慮消費者對價格的反應。

2. 寡占（Oligopoly）：少數幾家公司控制了整個市場。這些公司的價格設定可能會相互影響，有時會導致價格戰或價格固定。

3. 獨占性競爭（Monopolistic Competition）：許多公司彼此競爭，但每家公司提供的產品或服務都有一定的差異性，使得每家公司在自己的顧客群中擁有一定的價格設定權。

價格決定者有以下幾項特點；

1. 價格自主性：價格決定者有較大的靈活性來設定自己產品的價格，可以根據自身策略進行調整。

2. 市場影響力：價格決定者由於在市場上的地位或產品的獨特性，能夠對市場價格和競爭環境產生影響。

3. 消費者選擇：在某些情況下，價格決定者的存在可能會限制消費者的選擇，尤其是在獨占或寡占市場中。

▼ 表 2-9：不完全競爭市場

	獨占	寡占	獨占性競爭
特點	市場上只有一家供應商，無直接競爭對手。獨占廠商控制了整個市場的供應，能夠自主設定價格。	市場由少數幾家大廠商控制，每家廠商的行為都會影響其他廠商。	市場中存在許多競爭者，但每個廠商提供的產品或服務都有一定程度的差異化，使得每個廠商在其產品市場上擁有一定的價格設定權。
原因	由於政府授權、專利權、資源控制或生產成本上的自然壟斷導致。	高進入障礙，如高額的初始投資、技術壁壘或政府規定。	產品差異化，通過品牌、品質、設計等因素實現。
影響	獨占廠商可能會設定較高的價格和較低的產量，從而獲得較高的利潤，可能對消費者不利。	寡占廠商之間可能存在價格競爭、產品差異化競爭或者形成價格聯盟。	廠商可以通過差異化競爭來吸引顧客，但同時也面臨來自市場上其他類似產品的競爭壓力。

價格決定者的概念對於理解市場結構和價格形成機制非常重要。它強調了市場力量在非完全競爭市場中的作用，以及企業如何利用自身的市場地位來影響價格和產量。對於政策制定者而言，理解價格決定者的行為對於設計有效的市場監管政策和促進公平競爭至關重要。

圖 2-20：價格決定者，就像是一個商人坐在寶座上，後面有個黑板寫著 $，顯示他有決定價格的能力。

圖 2-21：獨占（Monopoly）市場概念圖，指的是市場上只有一家供應商，無直接競爭對手。

生產者剩餘（Producer Surplus）指的是廠商將收到的收益，與他願意供應市場的成本之間的差額與供給量的乘積，而這個成本指的是廠商的機會成本，如右圖中的 A。

生產者剩餘是指在市場交易中，生產者實際獲得的收益高於他們願意接受的最低價格（或成本）總和的部分。換句話說，生產者剩餘衡量的是生產者從市場交易中獲得的額外利益或剩餘。

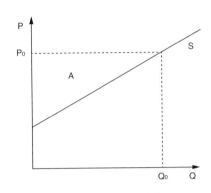

■ 圖 2-22：生產者剩餘（A）

生產者剩餘可以通過計算在給定價格下，市場價格（P）與生產者願意接受的最低價格（或邊際成本，MC）之間差額與供應量（Q）的乘積來得出。圖形上，在供應曲線和市場價格之間的區域表示生產者剩餘。

1. 效率衡量：生產者剩餘是衡量市場效率的一個重要指標。高生產者剩餘通常表明生產者能夠以高於其邊際成本的價格銷售商品，這可能反映了市場的良好運作和生產效率。

2. 福利分析：生產者剩餘與消費者剩餘（Consumer Surplus）一起用於分析市場交易對社會福利的影響。市場上的總福利可以通過計算生產者剩餘和消費者剩餘的總和來衡量。

3. 政策影響評估：分析生產者剩餘變化可以幫助經濟學家和政策制定者評估稅收、補貼、價格管制等政策對生產者福利的影響。例如：一項新稅收可能會降低生產者剩餘，因為它增加了生產者的成本。

在定義生產者剩餘時，考慮的成本包括生產者的機會成本，即生產者放棄其他替代生產或活動所失去的收益。生產者剩餘的計算反映了生產者在當前市場條件下，相對於這些機會成本獲得的額外收益。

消費者剩餘指的是消費者消費時，願意付出的價格與實際付出的價格之間的差額與消費量的乘積，如下圖的 B。

消費者剩餘是經濟學中用於衡量消費者從購買商品或服務中獲得的額外滿足或福利的一個指標。具體而言，消費者剩餘反映了消費者願意為商品支付的最高價格與實際支付價格之間的差額。當消費者為一件商品支付的價格低於他們願意支付的最大金額時，就會產生消費者剩餘。

在市場需求曲線下方，從市場價格到需求曲線的垂直距離衡量了消費者剩餘。數學上，消費者剩餘可以通過計算願意支付的價格與實際支付價格之差，再乘以購買的商品數量來得出。圖形上，消費者剩餘通常表示為需求曲線下方、市場價格以上的區域。

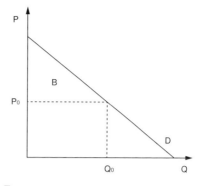

■ 圖 2-23：消費者剩餘（B）

消費者剩餘的經濟學意義：

1. 市場效率的指標：消費者剩餘是衡量市場效率的重要指標之一。在完全競爭市場中，資源的有效配置會最大化消費者和生產者剩餘的總和。
2. 福利分析：消費者剩餘用於分析各種經濟政策、市場變化或技術進步對消費者福利的影響。例如：新技術的引入可能降低生產成本，導致商品價格下降，從而增加消費者剩餘。
3. 價格變動的影響：消費者剩餘可以幫助解釋價格變動對消費者福利的影響。價格下降將增加消費者剩餘，因為消費者能以更低的價格購買到商品；相反，價格上升則會減少消費者剩餘。

消費者剩餘變化的影響因素：

1. 價格變動：價格下降會增加消費者剩餘，價格上升則會減少消費者剩餘。
2. 收入變動：收入增加可能會提高消費者對某些商品的支付意願，從而可能增加對這些商品的消費者剩餘。
3. 偏好變動：消費者偏好的變化也會影響消費者剩餘，因為它改變了消費者對商品的價值評估。

104 年指考「公民與社會」

若世界只有甲、乙兩國，而且針對汽車進行自由貿易；甲國爲出口國，乙國爲進口國。下列是與兩國汽車市場貿易相關的敘述，請問何者正確？

(A) 貿易前，甲國國內汽車之價格較乙國高，但貿易後兩國國內價格趨於一致

(B) 貿易前，甲國國內汽車之產量較乙國高，但貿易後兩國國內產量趨於一致

(C) 貿易後，甲國的生產者剩餘較之前提高，乙國的消費者剩餘較之前提高

(D) 貿易後，甲國的消費者剩餘較之前提高，乙國的生產者剩餘較之前提高

※ 標準答案：(C)

解析：

(A) 當甲國爲汽車出口國，乙爲進口國時，通常代表甲國的汽車供給較高，當假定其他條件不變時，可以推論甲國汽車的價格較乙國低，貿易後若能達到供需均衡，汽車價格會趨於一致，所以 (A) 的描述是錯誤的。

(B) 貿易前後，甲國的汽車供給不變，所以產量不變，但乙國的汽車供給會增加，(B) 的描述是錯的。

(C) 貿易後，因甲國的汽車得以出口，所以甲國的汽車業者生產者剩餘增加，乙國的消費者因爲汽車進口後，價格降低，所以消費者剩餘較貿易前增加。

(D) 貿易後，若甲國的車價提高，甲國的消費者剩餘會降低，而乙國汽車業者因爲增加供給，車價降低，生產者剩餘會降低。

社會剩餘（Social Surplus）指的是生產者剩餘（Producer Surplus）與消費者剩餘（Consumer Surplus）的總和。

社會剩餘是經濟學中用來衡量一個市場或經濟系統中總體福利的一個重要指標。它由兩部分組成：消費者剩餘和生產者剩餘。社會剩餘的概念提供了一種衡量市場交易對整個社會福利影響的方法。

社會剩餘的經濟學意義：

1. 市場效率的衡量：社會剩餘的大小是衡量市場效率的一個關鍵指標。當市場達到均衡時，社會剩餘達到最大，表明資源被有效分配，市場運作效率高。

2. 政策分析：通過分析政策變動對社會剩餘的影響，經濟學家和政策制定者可以評估不同政策對社會福利的影響，從而做出更有利於社會整體福利的決策。

3. 市場失靈和政府干預：在某些情況下，市場失靈（如外部性、公共財供應不足等）可能導致社會剩餘未能最大化。政府干預，如徵稅、補貼、提供公共財等，旨在糾正市場失靈，增加社會剩餘。

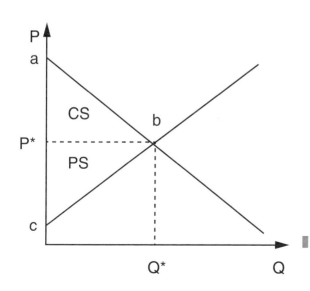

圖 2-24：社會剩餘為圖中的消費者剩餘 (CS) 與生產者剩餘 (PS) 的總和

107 年指考「公民與社會」

若國際食用油市場有甲乙丙三國，甲乙兩國每年都從丙國進口食用油，但甲乙兩國間並無食用油貿易。乙國發生假油事件，使其國產食用油銷售量慘跌，並使得由丙國進口數量大增，導致丙國食用油的國內及出口價格攀升。根據以上條件，有關三國食用油市場消費者與生產者剩餘和社會福祉的變動，下列敘述哪些正確？

(A) 甲國消費者剩餘上升　　　(B) 甲國生產者剩餘上升
(C) 乙國生產者剩餘下降　　　(D) 丙國消費者剩餘下降
(E) 丙國的社會福祉下降

※ 標準答案：(B)(C)(D)

解析：

甲乙兩國都從丙國進口食用油，造成甲乙國的消費者剩餘增加。乙國假油事件將造成：

(A) 甲乙兩國無食用油貿易，所以不影響。
(B) 甲國因為乙國生產假油，將使甲國擴大對丙國食用油進口，食用油價格提高，甲國生產者剩餘上升。
(C) 乙國因生產假油，需求減少，生產者剩餘下降。
(D) 丙國消費者因假油導致國內供給減少，食用油價格上漲，消費者剩餘下降。
(E) 丙國的社會福祉因同時存在生產者剩餘提高與消費者剩餘減少，無從判斷社會剩餘消長程度。

109 年學測「社會」

十九世紀前期，張三從寧波來艋舺採購樟腦，計畫運回浙江、上海銷售，同時也運來綢緞、布帛等貨品來臺銷售。請問：

張三的貿易行為，對上述地區的樟腦市場與布帛市場有何影響？

(A) 臺灣布帛市場的消費者剩餘上升，生產者剩餘上升
(B) 臺灣布帛市場的消費者剩餘下降，生產者剩餘上升
(C) 上海樟腦市場的消費者剩餘上升，生產者剩餘下降
(D) 上海樟腦市場的消費者剩餘下降，生產者剩餘下降
※ 標準答案：(C)

解析：

　　若商品在當地屬於不普及，因貿易進口讓商品更為普及，因為價格變便宜，會造成當地的生產價格競爭，生產者剩餘減少，而消費者剩餘上升。

108年學測「社會」

　　十七世紀時，亞洲水域的遠東航路上，一艘帆船從公司總部所在的港口出發，船上載滿胡椒、檀香木、乳香、象牙、犀角等商品。抵達「甲」港後，卸下部分商品，並購買當地生產的鹿皮、鹿脯、砂糖等貨物裝船，繼續航行至日本。在日本把貨物賣掉，換取白銀；返航行程中，至廈門購買絲綢和瓷器。請問：

　　關於題文中三地貿易的敘述以下何者正確？
(A) 日本的絲綢市場價格低於廈門
(B) 廈門在生產砂糖上具有比較利益
(C) 廈門生產鹿肉的機會成本較低
(D) 日本鹿皮市場的消費者剩餘增加
※ 標準答案：(D)

解析：

(A) 因為換取白銀後並未在日本購買絲綢，在其他條件不變之下，日本的絲綢市場價格可能「高於」廈門，此選項資料不全。
(B) 無從判定。
(C) 無從判定。
(D) 日本進口貿易鹿皮，讓鹿皮價格降低，將會讓日本的消費者剩餘提高。

　　某國原本不屬於進出口商品之甲、乙商品，在該國開放市場進行貿易後，甲商品成為出口商品，而乙商品也可自國外輸入。若其他情況維持不變，請問在開放市場後，有關該國甲、乙商品市場之敘述，何者正確？

(A) 甲商品市場消費者剩餘與乙商品市場生產者剩餘均將提高

(B) 甲商品市場的生產者剩餘提高，消費者剩餘的增減則不明

(C) 乙商品市場的消費者剩餘提高，生產者剩餘則是減少的

(D) 甲、乙商品市場之社會福利變化，前者提高而後者減少

※ 標準答案：(C)

> **解析：**

(A) 甲國商品的消費者剩餘會提高，生產者剩餘下降。

(B) 甲國商品的消費者剩餘會提高，生產者剩餘下降。

(C) 乙國商品的消費者剩餘會提高，生產者剩餘下降。

(D) 社會福利增減不明，無法確定兩國生產者剩餘與消費者剩餘之間的消長程度，因此，無法得知社會福利的總變化程度。

112 年分科「公民與社會」

　　根據記載，春秋時期的齊國曾提倡穿綈服（一種絲、棉混織品），並禁止民眾生產，反而用高於市價的價格自魯、梁兩國進口，魯、梁民眾因而放棄糧食生產，轉而投入生產綈服。一年後，齊國突然禁止與魯、梁的貿易，造成兩國糧食價格高漲，導致兩國先後投降齊國。從社會福祉的角度分析，下列哪種人民的損失是促使兩國投降的主因？

(A) 生產糧食的生產者剩餘　　(B) 購買糧食的消費者剩餘

(C) 生產綈服的生產者剩餘　　(D) 購買綈服的消費者剩餘

※ 標準答案：(B)

解析：

(A) 錯誤。生產糧食的生產者剩餘雖然可能也受到影響，但題目重點在於糧食價格高漲，直接影響的是消費者剩餘。

(B) 正確。齊國禁止與梁、魯貿易後，兩國糧食供給短缺，價格高漲，導致梁、魯民眾（糧食消費者）的消費者剩餘大幅降低，這種福利損失是迫使兩國投降的主要原因。

(C) 錯誤。雖然梁、魯民眾生產綈服可能獲得一定利潤，但題目重點是糧食價格高漲對民眾生活的衝擊，與綈服生產者剩餘無直接關係。

(D) 錯誤。綈服屬於進口商品，梁、魯民眾應該是綈服的消費者而非生產者，這裡的消費者剩餘損失影響較小。

無謂損失

　　無謂損失（Deadweight Loss）指的是因市場干預（如稅收、補貼、價格管制等），或市場失效（如外部性、公共財、資訊不對稱等），導致資源配置偏離帕雷托最適化（Pareto Optimality）狀態，從而造成的經濟效率損失。無謂損失反映了經濟體系中的總福利（消費者和生產者剩餘之和），相較於最佳資源配置狀態下所減少的量。

　　舉例來說，當政府對某商品徵收稅款時，這會使得商品的售價提高，消費者的購買量減少，而生產者因應稅後收入減少而減少生產，造成市場的供需不再相等，生產和消費的減少部分就是無謂損失，這部分損失代表了原本在無徵稅或無干預狀態下能夠實現的交易未能發生，導致社會總福利減少。

　　此外，無謂損失也可能發生在價格管制（例如設定價格上限導致的短缺或價格上限導致的過剩）、補貼（造成過度生產或消費）、壟斷市場（價格高於邊際成本，減少產量）等情況下。理解無謂損失的概念，可以幫助政策制定者在進行經濟政策干預時考慮其對經濟效率的影響，並尋求減少無謂損失的方法。

▌圖 2-25：無謂損失（Deadweight Loss）也可能來自於資訊不對稱下的價值損失，譬如說送禮者不清楚收禮者的偏好，所導致的價值損失（禮物價值小於使用價值）。

帕雷托最適化

帕雷托最適化（Pareto Optimality）由義大利經濟學家維爾弗雷多‧帕雷托（Vilfredo Pareto）提出。它描述了一種理想的資源分配狀態，其中任何人的福利改善都不會導致另一個人的福利惡化。在帕雷托最適化的狀態下，資源被認為是效率地分配的且沒有浪費。

與帕雷托最適化相關的概念是帕雷托改善（Pareto Improvement），帕雷托改善是指從一種資源分配狀態轉變到另一種狀態，使得至少一個人的情況得到改善，而沒有任何人的情況變得更糟。帕雷托改善強調的是在資源重新分配過程中，至少有一方受益而無人受損。

帕雷托最適化的含義有兩項：

1. 資源分配的效率：帕雷托最適化的狀態下，社會資源達到了效率的分配，意味著無法透過重新分配，以提高某些人的福利而不損害其他人。
2. 經濟福利的最大化：這種狀態下的資源分配方式確保了在現有資源條件下，社會成員的經濟福利達到最大化。

雖然帕雷托最適化強調了效率和無損益的資源分配，但它並不涉及分配的公平性或均等性。一個社會可以是帕雷托最適化的，即使資源分配極其不平等。因此，實現帕雷托最適化的經濟狀態並不意味著社會達到了社會正義或平等的理想狀態。在現實世界中，達到完全的帕雷托最適化很難實現，因為政策和資源分配決策經常涉及利益的平衡和權衡。

▼ 表 2-10：帕雷托最適化與帕雷托改善

	帕雷托最適化	帕雷托改善
特點	1. 任何人的福利改善都不會導致另一個人的福利惡化。 2. 資源被認為是效率地分配的且沒有浪費。 3. 無法透過重新分配，以提高某些人的福利而不損害其他人。 4. 不涉及分配的公平性或均等性。	1. 一種資源分配狀態轉變到另一種狀態，使得至少一個人的情況得到改善，而沒有任何人的情況變得更糟。 2. 強調的是在資源重新分配過程中，至少有一方受益而無人受損。

2-24 勾結與欺騙

勾結（Cartel）和欺騙（Cheating）是寡占市場常見的現象，涉及市場上的幾家主要企業或國家通過非正式或正式的協議來控制市場價格、產量或其他競爭要素，以此來提高自己的利益。

勾結：

1. 定義：勾結是指在寡占市場中，為避免相互競爭帶來的利潤下降，幾家主要企業或國家之間達成的一種協議或合作關係。這種協議旨在通過限制產量、設定價格或分配市場等手段來提高成員的總利潤。
2. 目的：主要目的是減少或消除內部競爭，提高價格，從而增加成員的利潤。
3. 例子：最著名的例子是石油輸出國家組織（OPEC），該組織通過協調成員國的石油產量來影響國際石油價格。

欺騙：

1. 定義：成員之間達成了協議，但個別成員可能會被誘導去違反協議（如秘密增加產量），以期在高價格下獲得更多的市場份額和利潤。
2. 後果：欺騙行為會破壞成員之間的信任，長期存在欺騙行為可能導致卡特爾協議的崩潰。

▼ 表 2-11：勾結與欺騙的比較

特徵	勾結	欺騙
定義	市場上的競爭對手間的正式協議，目的是控制價格、限制產量以最大化經濟利潤。	成員不遵守共同制定的規則，秘密地增加產量或降低價格以獲取更大收益的行為。
目的	限制市場競爭，提高成員企業的利潤。	為了個別企業的利益，違反協議尋求更大的市場占有率和利潤。
案例	石油輸出國家組織 (OPEC) 控制石油產量，以影響全球油價。	成員企業秘密降價銷售或增加產量，違反了成員間協議的價格或產量。

勾結和欺騙在經濟學中是寡占理論的重要部分，它們展示了企業間合作與競爭的複雜關係，以及如何影響市場結構和消費者福利。勾結可能導致價格高於競爭水準，減少市場效率，損害消費者利益。然而，欺騙的存在顯示了即使在表面上達成了合作協議，個體企業的利益追求也可能導致合作的不穩定。

■ 圖 2-26：典型的勾結 (Cartel) 示意圖，幾家主要企業之間達成的一種協議或合作關係。

市場失靈

市場失靈（Market Failure）是指由於某些原因，市場機制無法達到資源有效分配的情況，這意味著市場無法產生社會福利最大化的結果。市場失靈可能由政府介入，透過稅收、補貼、法規等手段改善資源分配。

市場失靈的主要原因，主要有以下幾項因素：

1. 自然獨占（Natural Monopoly）：當一個市場的生產最有效率的方式是由一家公司提供所有服務時，就形成了自然獨占。在這種情況下，進入障礙高，其他競爭者難以進入市場，導致缺乏競爭，可能會造成價格過高和產量過少。

2. 外部性（Externalities）：外部性發生於一個經濟行為，對協力廠商產生了未被市場價格反映的成本或利益。正外部性（如教育、疫苗接種）可能導致產品供應不足，而負外部性（如污染）可能導致過度生產。

3. 公共財（Public Goods）：公共財是指非獨占性和非排他性的財貨，即人們可以免費享用這些財貨，而不會減少其他人的消費機會（如國防、公園）。由於存在搭便車（Free Rider）問題，市場可能無法提供適當量的公共財。

4. 資訊不對稱（Information Asymmetry）：當交易一方擁有另一方不具備的資訊時，就會出現資訊不對稱。這可能導致市場無法有效運作，例如：賣家比買家更瞭解商品品質，可能導致低品質商品驅逐高品質商品，如檸檬市場問題。

政府可以通過多種方式干預市場來糾正市場失靈，包括：

1. 對自然獨占實施監管或提供公共服務。

2. 對產生負外部性的活動徵稅（如碳稅），對產生正外部性的活動提供補貼。

3. 提供公共財，以滿足社會需求。

4. 實施法律和規定以減少資訊不對稱，提高市場透明度。

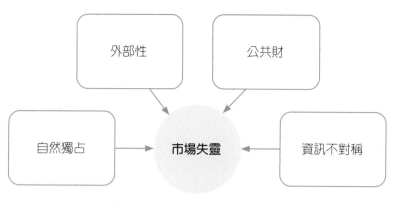

▌圖 2-27：市場失靈的主要原因

104 年指考「公民與社會」

下列是有關政府管制市場量價的敘述。在有效管制下，以下何者正確？
(A) 政府干預市場之目的在更有效的應用生產資源，以提高經濟效率
(B) 數量管制將影響生產者與消費者，並進一步降低該國之經濟福利
(C) 實施價格上限時，市場交易價格高於均衡價格，造成供過於求的情形
(D) 在價格管制下，經由市場機能的運作，市場交易價格將與均衡價格一致
※ 標準答案：(B)

解析：

(A) 當市場失靈時，政府干預市場之目的並非在於有效的應用生產資源，以提高經濟效率，而是在於如何有效的分配資源。
(B) 數量管制當然會影響交易的雙方，降低福利。
(C) 價格上限代表價格超過此限制時為無效，交易價格高於均衡價格為無效，當有效區域為交易價格低於均衡價格，此時會造成「供不應求」。
(D) 價格管制代表市場已經失靈，此時無市場機能，不會將交易價格與均衡價格拉到一致性。

107 年學測「社會」

課堂上，老師向學生介紹一本西方小說，內容寫道：主角一覺醒來，發現自己處在陌生環境中，資本家、企業家全部消失，土地、工廠、工具全屬公有；每個人可依照自己的興趣工作，工時不長，工作愉快，社會上每一項商品生產的數量恰能滿足所有人之需。請問：

老師請同學設想，如果是市場經濟，需要滿足以下哪一個條件，才可達到「社會上每一項商品生產的數量恰能滿足所有人之需」，而且又沒有資源浪費的結果？
(A) 商品的價格固定　　(B) 沒有生產者剩餘
(C) 工廠為私人擁有　　(D) 不存在市場失靈

※ 標準答案：(D)

解析：

依題旨，社會上每一項商品生產的數量恰能滿足所有人之需，而且又沒有資源浪費的結果，答案為不存在市場失靈，其餘皆非選項。

(A) 即使生產單位全部收歸國有，也無法讓所有商品價格皆為固定。

(B) 只要願付價格高於市場價格，仍有消費者剩餘。

(C) 題旨已說明為公有。

(D) 資源無浪費，所以不存在市場失靈。

106 年學測「公民」

某國政府為避免米價過低影響農民生計與生產意願，規定米價每公斤不得低於 50 元。在其他情況不變下，請問有關此措施實施後對米市場影響的敘述，何者正確？

(A) 當米的市價為每公斤 60 元時，此措施將不會影響農民的福利

(B) 當米的市價低於每公斤 50 元時，市場將出現需求大於供給的現象

(C) 此類價格上限的價格管制，將會降低消費者剩餘、提高生產者剩餘

(D) 米的市價為每公斤 40 元時，農民將惜售並囤積米糧，使市場出現無謂損失

※ 標準答案：(A)

解析：

(A) 因管制米價不得低於 50 元，意即米價在 50 元以下無效，因此，當市價為 60 元時，不會影響農民的福利。

(B) 當米價低於 50 元時，價格無效。

(C) 此為米價的價格下限。

(D) 當米價為 40 元時，農民不會惜售而會全部讓政府徵收。

105 年學測「社會」

　　某國醫院及診所主要由民間經營，再由政府進行價格管制。該國政府為避免一般民眾因醫療服務昂貴而怯於就醫，將醫療價格抑制在市場均衡價格的三分之一。這樣的政策照顧到人們的醫療需求，並提升國民健康，但也造成正反兩面的後果。雖說民眾對現有政策堪稱滿意，但政府為了解決部分問題，計畫將價格上調到均衡價格的二分之一，此舉引來民眾的不滿，而醫療產業也有意見。

　　下列敘述何者最可能是抑制醫療價格所導致的正面或負面效果？
(A) 醫療價格雖然受到抑制，但許多民眾仍無法負擔醫藥費
(B) 醫療價格太低，醫院診所可能倒閉，民眾就醫選擇減少
(C) 醫療價格雖低，但科技進步還是會使醫療服務供過於求
(D) 價格低需求量大，醫師職業更顯重要，吸引更多從業者
※　標準答案：(B)

解析：

(A) 題目無法判定。
(B) 價格管制之後，醫院獲利就會減少，部分醫院會選擇退出市場，民眾就醫機會與選擇會減少。
(C) 無法判定。且價格管制有可能讓醫療服務求過於供。
(D) 不會，價格管制後可能讓醫師認為更無利可圖，降低從業吸引力。

　　題目同上題。
　　政府計畫將醫療價格提高，引發各方不滿，最有可能的原因為何？
(A) 雖然醫療價格提高了，但民眾認為新政策愈加違反使用者付費精神
(B) 雖然醫療的市場效率提高，但也引發不利於經濟弱勢者就醫的擔憂
(C) 新政策提高醫療價格，將使更多醫療院所加入競爭，醫療品質堪慮
(D) 新政策只利於舊有的醫療院所，不利於新加入的醫療院所及就醫者
※　標準答案：(B)

解析：

(A) 價格提高，爲使用者付費。

(B) 價格提高，的確會不利弱勢族群就醫的權利。

(C) 醫院加入競爭，品質會因爲競爭而改善。

(D) 無從判定。（題目無說明）

2-26 外部經濟與外部不經濟

外部經濟（External Economy）或稱正外部性（Positive Externality），指的是個體或企業的某項經濟活動不僅為自己帶來利益，還對社會其他人或企業產生額外的正面影響，而這些影響並未在市場交易中得到適當的經濟補償。換句話說，正外部性發生時，經濟活動的創造者無法完全獲得其活動所產生的全部社會福利。

外部經濟的幾個例子：

1. 教育：個人接受教育不僅提高了自己的技能和生產力，同時也為社會帶來了更高的知識水準和文明程度，甚至降低了犯罪率。
2. 疫苗接種：接種疫苗的人不僅保護了自己免受某些疾病的侵害，同時也為社會創造了群體免疫，保護了那些因健康原因無法接種疫苗的人。
3. 研發創新：一家公司投資於新技術的研發不僅提高了自己的競爭力，其研發成果也可能被其他公司模仿或利用，從而促進了整個行業或經濟的創新和進步。

外部經濟或正外部性是市場失靈的一種形式，因為市場機制未能將這些正面外部效應內化於商品或服務的價格之中。這可能導致相關商品或服務的生產少於社會最優水準，因為創造這些外部效益的個體或企業無法獲得他們所產生的全部社會福利。

為了解決由正外部性引起的市場失靈問題，政府可以通過提供補貼、稅收優惠或直接投資等方式來鼓勵這類有益的經濟活動。例如：政府可能會為提供公共教育、基礎研究和疫苗接種等活動提供財政支援，以確保這些活動能夠在更廣泛的社會層面上產生積極影響。

外部不經濟（External Diseconomy）則指的是一個經濟行為產生的負面影響，這些負面影響並未由行為發起者承擔，而是無意中轉嫁給了其他人或整個社會。這種情況被稱為負外部性，即在生產或消費過程中產生的附加成本，這些成本被非參與者所承擔。

高中高職經濟學圖解速成：學測、分科不求人

114

外部不經濟的幾個例子：

1. 一家工廠排放的污染物影響了附近居民的健康。
2. 某企業的建設項目產生噪音，干擾了周圍居民的日常生活。

外部經濟和外部不經濟是市場失靈的主要形式之一，因為它們表示市場價格未能完全反映生產或消費活動的真實成本和效益。政府通常透過政策干預來糾正這種失靈，例如對產生負外部性的活動徵稅（比如碳稅），或者為產生正外部性的活動提供補貼或稅收減免，從而鼓勵這些活動的發生，以提高社會整體福利。

■ 圖 2-28：典型的外部成本示意圖，工廠的污染造成居民的健康損失。

111 年學測「社會」

　　由於網路地圖技術的革新，地圖繪製的技術不再專屬於政府和企業，非專業的民眾透過網路協作及編輯，可以參與集體建置和提供具空間分布性質的資料與地圖。以往政府提供的地圖，或企業為商業利益製作的地圖，例如 Google 等商用電子地圖服務，主要提供主流群體所需，卻未必符合某些群體的生活體驗或需求。近年來，由民眾參與的開放式電子地圖協作平台，其圖資允許所有人使用及編輯，無須付費，可以將圖資用於個人、教育、商業、政府以及其他用途，如救災資訊地圖、飲水機分布地圖等。請問：

　　依據題文所述的協作平台特性，對電子地圖市場的經濟效率最可能產生下列何種影響？

(A) 免費查詢地圖資訊可降低外部成本，提升經濟效率

(B) 自由編輯地圖可滿足更多市場需求，提升經濟效率

(C) 開放式地圖只有滿足特定群體需求，減少經濟效率

(D) 免費的圖資降低電子地圖市場價值，減少經濟效率

※ 標準答案：(B)

解析：

(A) 免費查詢地圖資訊可增加外部經濟，提升經濟效率。

(B) 自由編輯地圖可滿足更多市場需求，提升經濟效率。

(C) 開放式地圖只有滿足特定群體需求，提升經濟效率。

(D) 免費的圖資增加電子地圖市場價值，提升經濟效率。

110 年指考「公民與社會」

　　根據我國警政署 2017 年統計，死亡車禍有 94% 起因於「駕駛人過失」。若生產成本較高之「無人操作完全自動駕駛汽車」技術已經成熟，且極為安全可減少車禍事件的發生，此款汽車量產上市後，將比傳統汽車更受消費者喜愛。從上述內容推論，無人操作自動駕駛汽車將對市場造成哪些影響？

(A) 自動駕駛汽車的售價，將高於傳統汽車的價格
(B) 自動駕駛汽車的交易量，將低於傳統汽車的水準
(C) 整體社會福祉，會隨自動駕駛汽車的問世而降低
(D) 自動駕駛汽車的需求線，將位在傳統汽車需求線的右方
(E) 因車禍引起的外部成本，會隨自動駕駛汽車問世而下降
※ 標準答案：(A)(D)(E)

解析：

(A) 正確。題目提到「生產成本較高之無人操作完全自動駕駛汽車技術已經成熟」，表示自動駕駛汽車的生產成本高於傳統汽車，假定其他條件不變的情況下，因此售價也將高於傳統汽車。

(B) 錯誤。題目指出自動駕駛汽車「極為安全可減少車禍事件的發生，且將比傳統汽車更受消費者喜愛」，因此交易量應當高於而非低於傳統汽車。

(C) 錯誤。自動駕駛汽車可以顯著降低車禍率，減少生命和財產損失，提高社會福祉，與此選項說法相反。

(D) 正確。由於自動駕駛汽車安全性高、受消費者歡迎程度高，其需求線應位於傳統汽車的需求線右方。

(E) 正確。自動駕駛汽車可大幅減少車禍發生，因此會降低汽車使用帶來的車禍成本等外部不經濟，利於降低整體社會的外部成本。

104 年指考「公民與社會」

某條河流上游有一間造紙廠，下游有一個魚類養殖場。造紙廠生產時會排放廢水，污染河流並影響養殖場魚類之存活率，而且污染程度愈高，魚類之存活率愈低。下列的相關敘述，何者正確？

(A) 若政府可出售污染排放權並允許廠商轉售，可降低或解決此種外部效果之問題
(B) 若外部成本之問題未獲解決，則造紙廠產品之價格將會比獲得解決時的價格高
(C) 即使造紙廠與魚類養殖場相互持有對方股權，對於解決此外部效果也沒

有幫助

(D) 若增加更多的造紙廠，可增加廠商之間的競爭性並進一步解決該廠之外部效果

※ 標準答案：(A)

解析：

(A) 如果政府的污染權排放可以出售，廠商也可以轉售，因為外部成本已經內部化，可以降低外部效果。

(B) 若外部成本問題不解決，代表外部成本無法被內部化，因此，廠商的生產成本將會被低估，產品價格會較低。

(C) 若造紙廠與魚類養殖場相互持有對方股權，等於把外部成本內部化。如紙廠若因污染問題造成社會事件，股價可能降低，會造成養殖場的雙重損失，因此養殖場可以要求造紙廠減少污染，讓股價上漲，可以減少外部性。

(D) 增加更多的紙廠只會造成產業過度競爭，將價格拉低，廠商會更忽視污染的問題，外部性會更嚴重。

107 年指考「公民與社會」

　　某國股市和房市泡沫破滅後出現下列現象：資產價格崩跌，房地產與股票財富大幅縮水；某些銀行不良債權遽升，出現存款擠兌風潮，連帶使其他沒有不良債權的銀行倒閉；民眾為減輕債務負擔，不敢擴大消費而使民間需求轉弱；因民間需求不足，連續數年物價上漲率出現負成長，發生「通貨緊縮」。

　　該國發生的情況，何者具有外部成本的現象？

(A) 民眾財產減少使民間總合消費下降

(B) 某些銀行擠兌風潮使得其他銀行倒閉

(C) 民間需求明顯不足使物價指數下跌

(D) 資產價格崩跌使股票持有人財富縮水

※ 標準答案：(B)

解析：

(A) 民眾財產減少使民間總合消費下降屬於經濟機制造成的問題，不是外部成本。

(B) 某些銀行擠兌風潮使得其他銀行倒閉，個人擠兌屬於自利行為，但形成擠兌風潮後直接造成銀行倒閉屬於外部成本。

(C) 民間需求明顯不足使物價指數下跌，屬於經濟機制造成的問題，不是外部成本。

(D) 資產價格崩跌使股票持有人財富縮水，屬於經濟機制造成的問題，不是外部成本。

108 年指考「公民與社會」

有關家庭代工體系對臺灣經濟的影響，下列敘述何者正確？

(A) 雖會提高女性勞動參與率，但會讓整體勞動參與率下降

(B) 家庭代工生產屬於地下經濟活動，會造成 GDP 計算的失眞

(C) 因替代作用，男性失業率會隨女性投入家庭代工現象而上升

(D) 家庭代工引起的外部性，會讓實際生產成本的計算失眞

※ 標準答案：(D)

解析：

(A) 提高女性勞動參與率，但會讓整體勞動參與率上升。

(B) 家庭代工生產屬於地下經濟活動，因不計入 GDP，不會造成 GDP 計算的失眞。

(C) 家庭代工不會影響男性失業率。

(D) 因家庭即工廠，造成外部性，會讓實際生產成本的計算失眞。

109 年學測「公民」

假若畜牧業者可以免費的方式取得該藥，並且成功地讓國內所有家畜解決打嗝的問題。從經濟學的角度出發，家畜服用新藥對於畜牧業生產面的

廠商成本線與社會成本線將造成何種影響？

(A) 廠商成本線上移，接近社會成本線

(B) 廠商成本線下移，接近社會成本線

(C) 社會成本線下移，接近廠商成本線

(D) 社會成本線上移，接近廠商成本線

※ 標準答案：(C)

解析：

　　假設一種藥物能夠讓牲畜打嗝的問題降低，等於降低了牲畜排放甲烷的量，因此，考慮外部成本效果，外部成本將會有效降低，即是，社會成本線下移（右移），接近於廠商的成本線（供給線）。

108 年學測「公民」

　　下表為小華對於某市場外部效果分析的作業，其中左半部的供給、需求價量關係未考慮外部效果，右半部的供給、需求價量關係考慮外部效果。根據下表資料判斷，有關此市場的外部效果，以下敘述何者正確？

未考慮外部效果			考慮外部效果		
價格	需求量	供給量	價格	需求量	供給量
10	30	160	10	50	160
9	40	140	9	60	140
8	50	120	8	70	120
7	60	100	7	80	100
6	70	80	6	90	80
5	80	60	5	100	60

(A) 存在此外部性時，市場均衡產量過高

(B) 存在此外部性時，市場均衡價格過低

(C) 在該市場中生產者成本低於社會成本

(D) 政府可透過課稅將市場的外部性消除

※ 標準答案：(B)

解析：

　　根據表格推論，在考量外部效果下，同樣的價格下，只有需求量改變（增加），而供給量不變，代表需求上有正的外部效果（外部經濟）。因此：
(A) 敘述錯誤，存在外部性時，均衡產量過低。
(B) 敘述正確。
(C) 無資料可以判定。
(D) 敘述錯誤，因為有外部經濟效果，政府應該補貼才對。

108 年學測「公民」

　　因為含糖飲料有增加民眾罹患肥胖、糖尿病及蛀牙的可能性，某國政府計畫對含糖飲料課徵「糖稅」，稅率隨飲料中含糖量增加而提高。此政策的手段與以下哪一個租稅政策最類似？
(A) 對年收入愈高的人徵收愈高的所得稅
(B) 對持有兩年內的豪宅交易課徵交易稅
(C) 排氣量愈高的汽車課徵愈高的燃料稅
(D) 對於酒精濃度高的烈酒課徵較高關稅
※ 標準答案：(C)

解析：

　　對含糖飲料課稅，為外部成本內部化，只有 (C) 的敘述正確。因為汽車排氣為外部成本，將高排氣量的汽車課徵高的燃料稅率，等於是外部效果內部化，將可以抑制消費者購買高排氣量的汽車誘因。

106 年學測「公民」

　　某國規定人民須購買專用垃圾袋以處理垃圾，否則清潔隊將不予清運，違反或任意傾倒垃圾者，將處以高額罰款。請問某國此措施的最主要動機為何？
(A) 刺激民間消費　(B) 減緩景氣波動
(C) 將外部成本內部化　(D) 改善政府財政問題

※ 標準答案：(C)

解析：

　　購買專用垃圾袋，主要就是將處理垃圾的成本轉嫁至人民身上，讓垃圾量與支付的垃圾袋成本產生連結，抑制增加垃圾的誘因，就是將外部成本內部化。

111 年學測「社會」

　　大量使用塑膠吸管所造成的健康與海洋生態破壞問題讓人擔憂。假定某國的民意強烈要求政府應立刻大幅度限制塑膠吸管的使用，且依據現行法律，主管機關已有充分法律授權可發布命令、訂定實施細則與開始日期，以管制塑膠吸管使用；但該機關卻認為茲事體大，仍依循該國法律對制訂行政命令的過程，預先將草案公告周知，並依法舉辦聽證會，廣納各界意見，再審慎決定規定內容。請問：

　　從外部成本的觀點，下列敘述何者符合該國政府政策的意涵？
(A) 社會成本高於私人成本，從市場經濟的觀點塑膠吸管的生產數量過多
(B) 社會成本高於私人成本，從整體社會的觀點塑膠吸管的生產數量過多
(C) 私人成本高於社會成本，從市場經濟的觀點政府應管制塑膠吸管使用
(D) 私人成本高於社會成本，從整體社會的觀點政府應管制塑膠吸管使用
※ 標準答案：(B)

解析：

　　題目提到「大量使用塑膠吸管所造成的健康與海洋生態破壞問題」，這一敘述暗示塑膠吸管的生產和使用對環境和健康帶來了外部不經濟，即負面外部性。

　　負面外部性意味著社會成本高於私人成本。私人成本只考慮了生產者的生產成本，而未將對環境和健康的損害（外部不經濟）納入，因此社會成本高於私人成本。

　　從整體社會的角度來看，當存在負面外部性時，市場失靈導致資源配置無效率，產量過剩。因此「從整體社會的觀點塑膠吸管的生產數量過多」這一表述是正確的。

政府介入管制塑膠吸管的使用，正是為了紓解這一市場失靈問題，使社會成本內部化，從而實現資源的有效配置。

111年分科「公民與社會」

某建商看中某原住民族傳統領域土地開發成本較低，決定興建渡假村。當地縣政府認為渡假村有助經濟發展與促進原住民就業，故積極提供行政協助，快速核發開發許可，而承辦開發許可的縣府科員恰巧是建商大學同學。此案引發當地原住民強烈抗議。數個公民團體也指控，該案的環境影響評估程序不完備，且一再忽視公民團體訴求，更批評承辦公務員未事先自行迴避。另有學者指出，此開發案爭議根源，在於原住民族傳統領域及其文化未受主流社會肯認，這也是原住民族曾在總統府前長期抗議的原因；此種抗議強調為自身文化與認同發聲，與著眼於爭取權益的抗爭有所不同。因爭議擴大，縣議會做成決議，要求縣政府提出專案報告。此案經媒體披露，也引發民眾不同意見。請問：

下列關於本開發案外部成本的說明，何者最為正確？
(A) 由於本案開發成本較低，故外部成本也較低
(B) 本開發案的外部成本是建商開發的重要誘因
(C) 由於政府的積極開發，使得本案的外部成本降低
(D) 原住民族傳統消失與環境破壞都是本案外部成本
※ 標準答案：(D)

解析：

(A) 錯誤。開發成本低僅意味著私人成本低，但不代表外部成本就低。外部成本指的是對第三方和社會公共資源造成的外部不經濟，與開發私人成本無直接關係。

(B) 錯誤。外部成本是開發行為對他人和環境造成的負面影響，不屬於建商的誘因。建商追求的是開發後的預期利潤，而非外部成本本身。

(C) 錯誤。政府積極開發協助反而可能加劇對環境和原住民文化的破壞，提高了外部成本。

(D) 正確。原住民族文化消失和環境破壞正是該開發案對第三方（原住民族）和公共資源（環境）造成的外部不經濟，屬於典型的外部成本。

　　某民主國家為舉辦國際級運動會，決定在首都興建全新的大型主場館，場館預定地內的一座社會住宅因而須強制拆除。該社宅的居民大多是高齡人士，且該國政府並未提出合宜的安置計畫，許多居民因而拒絕搬遷。當地市政府為迫使居民遷出，未經法律授權即切斷社宅的自來水供應。此外，興建全新大型主場館消耗過多政府預算，導致出現嚴重赤字；而某連鎖商店預期國際旅客湧入，大量開設新店面而推升店面租金，致使傳統小型店家經營困難。

　　這些事件引發該國民眾強烈不滿；某團體為表達不滿，在通勤尖峰時間，發動數次讓大眾運輸無法運作的抗議行動，許多民眾因而無法上班、上學或回家。另外，國際賽事期間電視和網路媒體轉播的高收視率，抬高當地電視媒體廣告費用，也使得國內廠商行銷部門怨聲載道。請問：

　　題文所描述之該國際賽事引發的現象及其影響，何者最能以外部成本的概念來解釋？

(A) 嚴重的預算赤字對政府的影響

(B) 尖峰時間阻礙交通對通勤者的影響

(C) 連鎖商店對傳統小店家的影響

(D) 電視媒體高收視對國內廠商的影響

※ 標準答案：(B)

解析：

(A) 錯誤。嚴重的預算赤字是政府本身的內部成本，不涉及對第三方或公共資源的影響，不屬於外部成本。

(B) 正確。抗議行動導致大眾運輸癱瘓，阻礙了許多民眾通勤，給他們帶來了額外的時間和金錢成本。這些成本是抗議者沒有內部化的外部不經濟，屬於典型的外部成本。

(C) 錯誤。連鎖商店開設新店對傳統小店家的影響，屬於正常的市場競爭行為，不構成外部性問題。

(D) 錯誤。電視媒體收視率高從而提高廣告費，對國內廠商而言只是正常的成本支出，不涉及外部性問題。

賽局理論

　　賽局理論（Game Theory）是研究在具有相互依賴決策者之間的戰略互動情境下，各參與者如何做出理性決策的數學理論。這種理論不僅適用於經濟學，還廣泛應用於政治學、社會學、心理學、戰略學以及任何涉及人們相互作用的領域。

賽局理論的核心概念：

1. 參與者（Players）：賽局中的決策者，可以是個人、公司、國家或任何能做出選擇的實體。

2. 策略（Strategies）：參與者可選擇的行動計畫或決策路徑。

3. 支付（Payoffs）：參與者根據選擇的策略結果獲得的收益或損失。

4. 均衡（Equilibrium）：在某種情況下，任何參與者改變策略都不會獲得更好的支付，這時的策略組合稱為均衡。

賽局理論的類型：

1. 合作與非合作賽局：合作賽局允許參與者之間的溝通和約束性協議，而非合作賽局不允許這種溝通。

2. 靜態與動態賽局：靜態賽局中，所有參與者同時做出決策；動態賽局則涉及多個階段，參與者的決策依次進行。

3. 完全資訊與不完全資訊賽局：在完全資訊賽局中，所有參與者都知道賽局的結構和其他參與者的支付函數；不完全資訊賽局中，至少有一方對賽局的某些方面知之甚少或不知。

　　納許均衡（Nash Equilibrium）是賽局理論中的一個核心概念，由數學家約翰‧納許（John Nash）提出。納許均衡描述了一種情況：在一個多參與者（參賽者）的遊戲中，每個參與者選擇了他們認為最佳的策略，考慮到其他參與者的選擇。當達到納許均衡時，無論其他參與者如何行動，任何參與者單方面改變策略都不會獲得更多的利益。

納許均衡有兩項特點：

1. 策略穩定性：在納許均衡點，每個玩家的策略都是對其他玩家策略的最佳回應，因此沒有玩家有動機改變自己的策略。

2. 互相預期：每個參與者的策略選擇都是基於對其他參與者策略的預期，並且這種預期是相互的。

囚犯困境（Prisoner's Dilemma）是納許均衡概念的經典例子，即使合作對兩個囚犯來說總體上是最好的結果，但考慮到對方可能的選擇，每個囚犯選擇背叛對方是納許均衡，因為背叛在這種情況下是每個人的最佳策略。

圖 2-29：兩名玩家參與一場棋盤遊戲，每位玩家都在做出他們認為是應對對方策略最佳的回應。

囚犯困境是賽局理論中的非零和賽局最具代表性的例子，指的是個人最佳選擇並非團體最佳選擇。或者說在一個群體中，個人做出理性選擇卻往往導致集體的非理性。

經典的囚犯困境如下：

警方逮捕甲、乙兩名嫌疑犯，但沒有足夠證據指控二人有罪。於是警方分開囚禁嫌疑犯，分別和二人見面，並向雙方提供以下相同的選擇：

若一人認罪並作證檢舉對方（背叛），而對方保持沉默，此人將即時獲釋，沉默者將判刑 10 年。

若二人都保持沉默（合作），則二人同樣判刑半年。

若二人都互相檢舉（背叛），則二人同樣判刑 5 年。

用表格概述如下：

▼ 表 2-12：囚犯困境

	乙沉默（合作）	乙認罪（背叛）
甲沉默（合作）	二人同服刑半年	甲服刑 10 年；乙即時獲釋
甲認罪（背叛）	甲即時獲釋；乙服刑 10 年	二人同服刑 5 年

囚犯困境假定每個參與者都是利己的，都是尋求本身最大利益，而不關心另一參與者的利益。參與者某一策略所得利益，如果在任何情況下都比其他策略要低的話，此策略稱為劣勢，理性的參與者絕不會選擇，反之為優勢。

若對方沉默、我背叛會讓我獲釋，所以會選擇背叛。

若對方背叛指控我，我也要指控對方才能得到較低的刑期，所以也是會選擇背叛。

二人面對的情況一樣，所以二人的理性思考都會得出相同的結論，就是選擇背叛。這場賽局中唯一可能達到的納許均衡，就是雙方參與者都背叛對方，結果二人同樣被判刑 5 年。

囚犯困境揭示了在某些社會互動中，即便個體追求自己的最大利益，也可能導致整體福利不是最優的情況。它強調了合作的重要性以及在某些情況下，制定和執行適當的規則或機制以促進合作的必要性。

解決囚犯困境的策略包括建立信任、長期合作的機制（如重複遊戲）、外部強制力（如法律規定）等，這些都是促進合作、改善集體結果的方法。例如：在重複遊戲的設定中，即使一開始出現背叛，參與者也可能學會合作，以爭取長期的利益最大化。

自由放任

　　自由放任（Laissez Faire）主張最小限度的政府干預和監管，讓市場機制自由運作。這一概念認為，個人在追求自己利益的過程中，通過市場上的自由競爭，能夠有效地分配資源，促進經濟增長和社會福利的最大化。

自由放任主義的四項核心原則：

1. 市場自由：強調市場應當自由開放，反對政府對貿易、價格、生產等方面的干預。
2. 財產權保護：認為個人或企業的財產權應受到法律的保護，以激勵創新和投資。
3. 自由競爭：通過自由競爭來促進效率和創新，提供更好更便宜的商品和服務給消費者。
4. 限制政府角色：政府的角色應限於維護法律和秩序、保護國家安全和提供不能由私人市場有效提供的公共財。

　　亞當‧斯密（Adam Smith）是自由放任經濟學派的重要代表，他在《國富論》（The Wealth of Nations）中闡述了自由市場經濟的理念。斯密認為，每個人在追求自己利益的同時，如同由一隻「看不見的手」引導，無意中促進了社會整體的繁榮。這不是出於對社會的關愛，而是出於對個人利益的追求。這種機制保證了資源在社會中的有效分配。

　　自由放任主義雖然促進了經濟自由和個人主義，但也面臨著批評，主要包括：

1. 市場失靈：自由放任無法解決市場失靈的問題，如外部性、公共財的供應不足等。
2. 不平等：過度的市場自由可能加劇財富和收入的不平等，損害社會公平。
3. 金融危機：缺乏有效的監管可能導致金融市場過度投機，增加經濟系統的脆弱性。

在現代經濟政策中，純粹的自由放任主義較少見，多數國家採取了介於完全自由放任和政府干預之間的混合經濟模式，試圖在促進經濟效率和確保社會福利之間找到平衡。

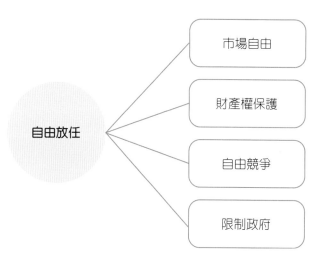

圖 2-30：自由放任的四項核心原則

庇古稅

　　庇古稅（Pigouvian Taxes）以英國經濟學家亞瑟‧庇古（Arthur Cecil Pigou）的名字命名，是一種旨在糾正市場失靈中的負外部性問題的經濟政策工具。負外部性是指一方的經濟活動對另一方造成的未被市場定價的成本，例如污染。庇古稅通過對造成社會成本的活動徵稅，試圖將這些外部成本內部化，即讓造成負外部性的行為者承擔成本，從而減少社會不希望看到的活動。

庇古稅的目的如下：

1.　外部成本內部化：將個體行為對社會造成的成本內部化到產品或服務的價格中，使生產者和消費者在做出經濟決策時考慮到這些成本。
2.　糾正市場失靈：減少或消除負外部性，提高市場的整體效率。
3.　促進環境保護：通過提高污染成本，鼓勵企業採取更環保的生產方式，減少環境污染。

　　庇古稅透過對特定的污染活動或產品徵稅，使得生產這些產品或進行這些活動的成本增加。這種增加的成本會反映在產品價格上，導致需求減少，從而減少了這些活動的總量。理想情況下，這種稅收的水準應該等於其負外部性對社會造成的邊際損失。舉例如下：

1.　碳稅：對排放二氧化碳的企業徵收的稅，旨在減少溫室氣體排放。
2.　塑膠袋稅：為了減少塑膠袋的使用和海洋塑膠污染，許多國家對塑膠購物袋徵稅。

　　但庇古稅依舊有些挑戰，這些挑戰在於政策實施是否能夠有效：

1.　確定稅率：準確計算外部成本並設定適當的稅率是一項挑戰，需要詳細的環境和經濟分析。
2.　政策實施：在實際操作中，需要平衡經濟發展與環境保護的關係，避免對經濟活動造成過度負擔。

圖 2-31：典型的庇古稅，透過污染稅將外部成本內部化，減少污染。

寇斯定理

寇斯定理（Coase Theorem）由羅納德·寇斯（Ronald Coase）提出，這一理論指出，如果產權界定清楚，且交易成本（包括交易過程中的資訊費用、談判成本等）為零，那麼無論產權最初如何分配，經濟主體通過自由談判最終能夠達成一個有效率的資源分配狀態，從而解決外部性問題。

寇斯舉例蒸氣火車與鐵軌旁農田的案例，因燃燒煤炭的蒸汽火車，會產生小火花，這些火花可能造成鐵路沿線的農作物產生損失，要界定財產權，如火車公司有排放火花的權利，這時候農夫只要裝置某些安全設施，相反地，如果法律保護農夫的財產，則鐵路公司就必須安裝火花防護裝置。

圖 2-32：寇斯舉例蒸氣火車與鐵軌旁農田的案例，因燃燒煤炭的蒸汽火車，會產生小火花，這些火花可能造成鐵路沿線的農作物產生損失，這時候就要界定財產權。

寇斯定理的三個核心要點：

1. 產權的界定：產權需要被清晰界定。只有當各方對於誰擁有什麼權利有共同認知時，才能有效地進行談判。

2. 交易成本為零：在理想狀態下，交易成本為零，這意味著參與談判和執行協議不會產生任何費用。在這種情況下，資源能夠自由流動到價值最大化的用途上。

3. 自願交易：當交易成本為零時，經濟主體之間的任何自願交易都將導致資源的有效分配。

寇斯定理在理論上提供了一種解決外部性問題的方法，強調了產權的重要性和市場機制的作用。然而，在現實中，交易成本往往不是零，產權的界定也可能存在爭議，這限制了寇斯定理的直接應用。此外，當涉及多方時，協調成本增加，使得達成有效率的協議變得更加困難。

資訊不對稱

資訊不對稱（Information Asymmetry）是市場經濟中常見的現象，其中交易的一方擁有比另一方更多關於交易物或服務的資訊。這種不平衡可能對市場效率和公平性產生負面影響。

資訊不對稱的類型，分為逆選擇（Adverse Selection）、道德風險（Moral Hazard）和尋租（Rent-Seeking)三種，分析如下：

▼ 表2-13：資訊不對稱的三種類型

	逆選擇	道德風險	尋租
說明	在交易發生之前就已存在的資訊不對稱問題。一方因為有更多的資訊而進行對其有利的選擇，而另一方則因缺乏資訊而做出不利於自己的選擇。	在交易發生之後出現的資訊不對稱問題，當一方在交易後採取對另一方不利的行為，而另一方無法監控或無力阻止。	指某些個體或組織利用資訊優勢，在不創造任何價值的情況下尋求獲取經濟利益。
案例	在二手車市場中，賣家對車輛的狀態瞭解得比買家多，可能導致品質較差的車輛被出售。	在醫療保險中，保險持有人可能會增加風險行為，因為他們知道任何醫療費用都會由保險公司支付。	這通常涉及操縱政策或規則來獲得不正當的市場優勢或財政補助。

解決資訊不對稱的策略：

1. 資訊揭露：鼓勵或要求交易一方（通常是資訊優勢方）披露更多資訊，以減少資訊不對稱。

2. 保險和擔保：賣方提供保險或擔保來降低買方因資訊不對稱而面臨的風險。

3. 協力廠商認證和評價：通過協力廠商機構對產品或服務進行評價和認證，以提供給買方更多可靠的資訊。

4. 合約設計：通過巧妙設計合約條款來激勵合作方採取對雙方都有利的行為，從而降低道德風險。

■ 圖2-33：典型的資訊不對稱，二手車交易市場中，車子有很多問題，車主知道，但買者卻不知道。

尋租

尋租（Rent Seeking）是指個人或團體透過政治和經濟手段，而非通過生產或交易，來增加自己的財富而不創造任何社會價值的行為。尋租活動通常涉及利用政策、法律或規章來獲得經濟利益，而這些利益通常以犧牲社會福利或資源效率為代價。尋租行為在許多不同的形式和領域中都有存在，包括但不限於政府補貼、特許權、關稅和配額等。

圖 2-34： 典型的尋租（Rent Seeking），一些個體或團體利用政治和經濟手段增加財富，而不是通過生產或交易創造社會價值。

尋租的特點：

1. 非生產性：尋租活動不涉及新產品、服務的創造或生產效率的提升，而是專注於重新分配現有的資源或財富。
2. 政府干預：尋租活動往往依賴於政府的干預或政策支持，例如通過立法、稅收或補貼等方式來影響市場運作。
3. 社會成本：尋租行為可能會對經濟效率和社會福利產生負面影響，如導致資源錯配、減少市場競爭和增加公共支出。

典型尋租的例子：

1. 補貼：企業或行業向政府爭取補貼，以減少運營成本或增加利潤，而這些補貼可能來自納稅人的錢。
2. 關稅和配額：某些產業可能推動政府對進口商品徵收高關稅或設定進口配額，以保護國內產業免受外國競爭的影響。
3. 專利和著作權：雖然專利和著作權是鼓勵創新和創作的重要工具，但在某些情況下，它們也可能被用於尋租，例如通過延長保護期限來限制競爭。

雖然尋租在短期內可能會給特定的個人或團體帶來利益，但從長期和宏觀的角度來看，過度的尋租活動可能會妨礙經濟發展和創新，減少資源的有效分配，並對社會公平造成損害。因此，政策制定時，必須透過改革和監管來減少尋租機會，促進更加公平和高效的市場經濟。

　　逆選擇（Adverse Selection）指在發生在交易之前，當交易雙方由於資訊不對等，導致資訊較差的一方無法有效區分不同品質或特性的商品或服務，從而做出不利於自己的選擇。

逆選擇的經典例子：

1. 保險市場：在保險市場中，逆選擇可能發生於保險公司（資訊較少的一方）和尋求保險的個體（資訊較多的一方）之間。高風險個體更有可能購買保險，而保險公司無法完全區分高風險和低風險個體，導致保險公司可能為高風險的被保險人設定了過低的保費。

2. 二手車市場：由於賣家比買家更瞭解車輛的狀況，品質較差的二手車可能被賣得跟品質較好的車差不多的價格。這導致品質好的車主不願意以低價出售他們的車，市場上剩餘的大多是品質較差的車，進一步加劇了資訊不對稱的問題。

如何解決逆選擇：

1. 信號傳遞（Signaling）：資訊較多的一方通過某種方式向另一方證明其產品或自身的品質，如賣家提供產品檢測報告。

2. 篩選（Screening）：資訊較少的一方採取措施來區分不同類型的交易對象，如保險公司根據客戶的健康狀況和生活習慣來設定不同級別的保費。

3. 合約設計：透過巧妙設計合約條款來鼓勵資訊較多的一方透露真實的資訊，或者讓風險較低的一方更有吸引力，例如：提供不同類型的保險計畫，讓個體根據自己的風險偏好選擇。

圖 2-35：典型的逆選擇，幼兒園規定家長接小孩遲到要罰錢，變成家長自願遲到，變相延長老師的照顧時間。

道德危害

　　道德危害（Moral Hazard）是指在合約關係中，因為資訊不對稱，一方在合約執行後改變其行為，從而增加另一方的風險或成本的情況。這種行為的改變往往是因為一方（受益方）知道自己的風險或損失可以由對方承擔，因此可能會採取更高風險的行為，或者不盡力避免損失。

道德危害的特點：

1. 資訊不對稱：道德危害的核心是資訊不對稱，即合約的一方無法完全監控或評估另一方的行為或努力程度。

圖 2-36：典型的道德危害，一個人買了保險（Insurance）之後開快車，肇事風險提高。

2. 行為改變：合約簽訂後，受益方可能因為自己的損失由另一方承擔而改變行為，採取更高風險的活動或減少防範風險的努力。

3. 風險轉移：由於行為改變，原本應由受益方承擔的風險部分或全部轉移給了另一方。

道德危害的例子：

1. 保險市場：最典型的例子是保險市場。被保險人因為有了保險保障，可能會減少預防損失的誘因，例如汽車保險持有者可能不那麼謹慎駕駛。

2. 金融市場：在金融市場中，借款人在獲得貸款後，可能會投資於更高風險的項目，因為損失風險部分由貸款人承擔。

3. 員工與雇主關係：員工在知道自己的績效難以被完全評估時，可能不會盡最大努力工作，因為他們知道自己的一些懈怠不會被察覺。

解決道德危害的策略：

1. 獎勵與懲罰機制：通過設計有效的激勵措施和懲罰機制來鼓勵合約一方採取低風險行為。

2. 資訊披露與共用：增加資訊的透明度和共用，減少資訊不對稱。

3. 合約設計：精心設計合約條款，如引入自付額、免賠額等，使受益方承擔一定的損失風險，從而有動力採取預防措施。

預期心理（Expectation Psychology）是指人們對未來經濟活動的預測與期望，這種心理狀態會影響個體的消費、投資、儲蓄等經濟行為。在經濟學中，預期心理被認為是理解市場動態與政策效果的關鍵因素之一。

預期心理在不同經濟學理論中有著不同的表述與應用。例如：在凱因斯理論中，對未來市場的預期會影響企業的投資決策；在新古典經濟學中，市場參與者的預期被假定為理性預期（Rational Expectations），意味著所有個體都會使用所有可用信息來形成對未來的最佳預測；在行為經濟學中，則探討了人們在預期形成過程中的非理性行為，如過度自信、羊群行為等。

預期心理的重要性在於它能夠對經濟活動產生前瞻性的影響。舉例來說，如果大多數消費者預期未來經濟將會衰退，他們可能會減少消費與增加儲蓄，這種行為反過來又可能導致經濟活動的下降，形成一種自我實現的預言。同樣地，企業如果預期未來市場需求將會增長，可能會提前擴大生產能力，這種預期對於促進經濟增長具有積極作用。

▋圖2-37：典型的理性預期，消費者預期電費如果漲價，物價會漲，連帶造成通貨膨脹。

考題指標程度：★★

112 年分科「公民與社會」

我國房屋市場的「預售屋」是指尚未開始動工或正在施工，而預先銷售的房屋。有的建商在預售屋銷售時，打出不實廣告，藉此促銷，例如：有建商在廣告文宣中呈現「空中景觀泳池」的意象，但實為無景觀之一般泳池；另外，也有建商為營造購屋熱潮，形成預期心理，哄抬建案價格，喊出「本案即將完銷」，但實際上該建案還有多戶未售出。也有投資客看準購屋者的預期心理，搶先簽訂預售屋買賣契約，俗稱紅單，而後換約轉售紅單，進行預售屋炒作，政府因而修改相關法律條文，規定預售屋買賣契約禁止讓與或轉售。請問：

題文中的建商，欲以不實廣告營造銷售熱潮來使預售屋價格上漲的作法，其涉及的經濟學供需概念，與下列何者最相似？

(A) 產糧大國發生戰爭無法出口，使得國際糧價大漲
(B) 政府研擬調升菸酒稅率，紅標米酒價格應聲上漲
(C) 提高基本工資帶動薪資上揚，廠商漲價反映成本
(D) 數位相機銷售長紅，帶動相機記憶卡的價格上漲

※ 標準答案：(B)

解析：

建商的不實廣告營造了虛假的需求預期，導致消費者對預售屋的預期需求增加，這種情況與政府研擬調升菸酒稅後，消費者對紅標米酒的需求預期增加，促使價格上漲的情況十分類似。都是基於對未來的預期改變而影響當前需求和價格。

其他條件不變下，預售屋新規定實施後，對預售屋市場價格最可能造成下列哪項影響？

(A) 健全預售屋市場吸引更多新建商，拉高預售屋價格

(B) 紅單更為稀有反而吸引買家搶進，拉高預售屋價格

(C) 炒作市場消失投資客卻步不進場，壓低預售屋價格

(D) 打消建商推出預售屋案件的念頭，壓低預售屋價格

※　標準答案：(C)

解析：

　　新規定禁止紅單轉售，將直接影響投資客炒作預售屋的行為。投資客撤出將減少預售屋的需求，從而壓低預售屋價格。

第三篇

總體經濟學

3-1 國內生產毛額與三面等價原則

　　國內生產毛額（GDP）是衡量一國經濟規模和經濟活動水準的重要指標，GDP 反映了一定時期內（通常是一年或一季），一國境內生產的所有財貨和服務的市場價值總和。一般來說，GDP 可以從生產面、分配面和支出面三個不同的角度來計算，這三種方法在理論上應該得到相同的結果，我們常用的是支出面法來衡量。

▼ 表 3-1：GDP 的三種計算方法

	生產面（產出法）	分配面（所得法）	支出面（支出法）
說明	計算一個國家或地區，所有產業在一定時期內生產的最終產品和服務的市場價值，這種方法排除了中間產品的價值，以避免雙重計算。	根據生產活動中分配給勞動、資本等生產要素的收入總和計算，包括工資、地租、利息和企業利潤。	從最終產品和服務的購買者支出估計，包括家庭消費、政府支出、投資和淨出口（出口減進口）。
計算方法	GDP $_{(產出法)}$＝第一產業產值＋第二產業產值＋第三產業產值	GDP $_{所得法}$＝工資 (W)＋地租 (R)＋利息 (I)＋利潤 (π)	GDP $_{支出法}$＝民間消費 (C)＋投資 (I)＋政府消費 (G)＋（出口 (X)－進口 (M)）

GDP 的重要性：

1.　經濟規模和成長率：GDP 是衡量一國經濟總量和經濟成長速度的關鍵指標。
2.　政策制定和評估：政府和決策者利用 GDP 數據來制定經濟政策和評估經濟表現。
3.　國際比較：GDP 數據用於比較不同國家的經濟規模和生活水準。

　　GDP 的生產面排除了中間產品的價值，以避免產值被雙重計算，指的是生產過程中的附加價值會被重複計算。附加價值（Added Value）是指在生產過程中，通過勞動和生產過程對原料或半成品進行加工處理，從而使產品價值增加的部分。它反映了企業、產業或整個經濟在生產過程中創造的價值。

雖然 GDP 是衡量經濟活動的關鍵指標，但它也有侷限性，如不包括非市場交易、休閒時間、環境品質和收入分配不均等因素。因此，GDP 應與其他指標一起使用，才能夠獲得更全面的經濟分析。

三面等價原則（Principle Equivalent of Three Aspects）是指 GDP 的三種計算方法，即生產面（產出法）、支出面（支出法）、分配面（所得法）所得到的結果應當是相等的。

經濟活動是一個循環過程，生產的財貨和服務最終會轉化為某種形式的收入（分配面），並且這些收入會被用於購買財貨和服務（支出面）。因此，無論從生產、分配還是支出的角度來看，衡量的都是同一經濟活動的不同側面，其價值應該是相等的。

如果將 GDP 除以該國的年中總人口數，得到的數值就是平均每人 GDP（GDP Per Capita），是用以衡量一個國家或地區經濟產出水準與居民生活水準的重要指標，反映人均經濟產出的水準。

平均每人 GDP 的意義：

1. 經濟發展水準：平均每人 GDP 是衡量一個國家或地區經濟發展水準的關鍵指標之一，較高的平均每人 GDP 通常意味著較高的生活水準和經濟福祉。

2. 國際比較：通過平均每人 GDP，可以在一定程度上比較不同國家居民的經濟福利水準，助於識別哪些國家在促進經濟增長和提高居民生活水準方面取得了較好的成績。

3. 發展差異：平均每人 GDP 還可以用來比較國內不同地區之間的經濟發展差異，對制定針對性的區域發展政策具有參考價值。

平均每人 GDP 的侷限性：

1. 不反映收入分配：平均每人 GDP 無法反映一個國家或地區內部的收入分配情況，即使平均每人 GDP 很高，也可能存在著嚴重的貧富不均。

2. 不涵蓋所有福利因素：平均每人 GDP 主要衡量的是經濟產出，但它不包括環境品質、社會安全、健康和教育等非經濟因素對生活品質的影響。

3. 受人口變動影響：人口的快速增長或減少都會對平均每人 GDP 造成影響，而這種影響並不一定反映了經濟本身的變化。

104 年指考「公民與社會」

已知大發公司是外商在臺灣設立，老闆是外籍人士約翰，他爲了節省成本，購買二手電腦供員工使用。雖然該公司之產品深受消費者喜愛，不過在生產過程中亦產生破壞環境的負效果。下列有關約翰的行爲與大發公司的營運狀況何者正確？

(A) 約翰購買二手電腦的消費支出計入當年度臺灣之綠色 GDP

(B) 大發公司在臺灣的生產總值計入當年度臺灣之綠色 GDP

(C) 大發公司員工之薪資不計入當年度臺灣之 GDP

(D) 臺灣消費者購買大發公司產品的支出不計入當年度臺灣之 GDP

※ 標準答案：(B)，但 (C) 的敘述也成立。

解析：

(A) 購買二手電腦不計入 GDP，因爲電腦一生產時即計入當年的 GDP，若二手電腦再計入交易時的價格爲生產價值的話，一部電腦的產值就會被計算超過兩次（如果一直轉手的話），所以這個敘述是錯誤的。

(B) 大發公司的生產過程對環境造成破壞，這個外部性必須計入當年的綠色 GDP。

(C) 大發公司的員工薪資屬於業主的成本，不計入 GDP，惟即使考慮到薪資也會轉爲消費，也不全然全部轉化，因此這個選項也成立。

(D) 消費者購買大發公司的產品屬於消費支出，計入當年的 GDP。

105 年指考「公民與社會」

在其他條件不變下，下列何者將提高平均每人 GDP？

(A) 人口成長率增加　　(B) 移轉性支出增加　　(C) 經濟成長率增加

(D) 平均工資提高　　(E) 環境品質提昇

※ 標準答案：(C)(D)

> **解析：**

經濟增長率提高就是 GDP 成長率提高，等於是當年的 GDP 提高。平均工資提高有機會讓民間消費提高，有助於提高 GDP。在人口不變的情況下，每人 GDP 會提高。

以綠色國民所得取代 GDP 的衡量方式，「不是」基於下列哪些原因的考量？
(A) 資源耗損　(B) 環境污染　(C) 地下經濟　(D) 休閒價值　(E) 家計生產
※ 標準答案：(C)(D)(E)

> **解析：**

綠色 GDP 的值小於 GDP 的值，即在現行 GDP 核算值的基礎上，再減去以下兩項數值：一項稱「資源耗減成本」（這裡講的資源主要指土地、森林、礦產和水），另一項稱「環境降級成本」。

106 年指考「公民與社會」

2010 年歐元區國家與國際貨幣基金會向希臘提供紓困，以免該國出現債務違約問題，但也同時要求希臘政府力行緊縮開支措施。然五年後希臘國內生產毛額 (GDP) 下跌 25%，再度爆發債務危機，並導致德國、日本、美國與中國大陸等全球主要股票市場之股價指數紛紛下跌。

依據 GDP 的計算內容，請問以上緊縮開支措施造成 GDP 下跌，與下列何者的變化最有關連？
(A) 投資與出口下降　　　　(B) 民間消費與出口下降
(C) 投資下降與進口增加　　(D) 民間與政府消費支出下降
※ 標準答案：(D)

> **解析：**

希臘政府緊縮開支造成 GDP 下跌，主因是民間消費下降與政府開支下降，投資與出口無直接相關。

因希臘債務危機而引發全球股票市場下跌的連鎖反應，屬於下列何種現象？

(A) 市場風險　(B) 景氣循環　(C) 通貨緊縮　(D) 經濟泡沫化

※ 標準答案：(A)

解析：

希臘債務問題引發全球股票下跌屬於系統風險與市場風險。

107 年指考「公民與社會」

有甲乙兩國，其中甲國有許多海盜，這些海盜原本常攻擊掠奪國際商船，但後來有些海盜改為收取保護費後保障繳費商船安全。另外，乙國某企業則是教導甲國海盜捕魚技術並借予漁船，且保證收購其漁獲。經此，攻擊事件即鮮少再發生。以下有關甲國海盜行為的改變以及乙國企業的作為，對於兩國經濟影響之推論，何者正確？

(A) 甲國海盜改索取保護費，使甲國的生產力增加

(B) 甲國海盜轉行捕魚，使甲國國內生產毛額增加

(C) 乙國企業教導甲國海盜捕魚技術，乙國的生產力增加

(D) 乙國進口甲國海盜之漁獲，使乙國國內生產毛額增加

※ 標準答案：(B)

解析：

(A) 甲國海盜改索取保護費，無直接證據顯示甲國的生產力增加。

(B) 甲國海盜轉行捕魚，因國內生產增加，將促使 GDP 增加。

(C) 乙國企業教導甲國海盜捕魚技術，將使甲國的生產力增加。

(D) 乙國進口甲國海盜之漁獲，因屬進口，將使得乙國的 GDP 減少。

108 年指考「公民與社會」

下表是甲、乙兩國在 2018 年各項經濟變數的統計值，根據這些資訊，有關國內生產毛額（GDP）與綠色國內生產毛額（Green GDP）的敘述，下列何者正確？

（單位：兆元）

項目	甲國	乙國
民間消費支出	200	240
政府消費支出	150	120
投資支出	200	180
淨出口	60	50
自然資源消耗	50	40
環境品質損失	60	30

(A) 甲國國內生產毛額與綠色國內生產毛額皆大於乙國
(B) 甲國國內生產毛額與綠色國內生產毛額皆小於乙國
(C) 甲國國內生產毛額大於乙國，甲國綠色國內生產毛額小於乙國
(D) 甲國國內生產毛額小於乙國，甲國綠色國內生產毛額大於乙國
※ 標準答案：(C)

解析：

GDP 為民間消費支出、政府消費支出、投資支出與淨出口的總和，甲國高於乙國；

綠色 GDP 則必須扣除自然資源消耗與環境品質損失的總和，乙國高於甲國。

項目	甲國	乙國
民間消費支出	200	240
政府消費支出	150	120
投資支出	200	180
淨出口	60	50
GDP	610	590

項目	甲國	乙國
自然資源消耗	50	40
環境品質損失	60	30
綠色 GDP	500	520

109 年學測「社會」

　　某甲與某乙用兩人共同的零用錢 100 元在本國網路書店購買了一本全新的小說。某甲與某乙口頭約定，由某甲先看該本小說。某甲看完後，因為認為該小說內容無聊，某乙應該也不喜歡看，因此將該小說以 80 元的價格賣給二手書店，並且以換購的方式貼了 40 元購買另一本由本國出版社新發行的漫畫。

　　題文中涉及的經濟行為，若從支出面計算 GDP，以下敘述何者正確？
(A) 先後買的兩本書共增加 140 元的 GDP
(B) 二手書店換購新書增加 120 元的 GDP
(C) 某甲將看過的書賣出增加 80 元的 GDP
(D) 所有的交易行為共增加 220 元的 GDP
※ 標準答案：(A)

解析：

　　購買 100 元的小說會讓 GDP 增加 100 元，但又將小說以 80 元的價格賣給二手書店，不能算為 GDP，因為這本小說在一開始就已經用 100 元的價格計算進 GDP，如果再計算二手拍賣價格，將會造成一物在 GDP 被計算兩次價格。因此增加的 GDP 為最初購買的 100 元小說，以及後面換購的 40 元漫畫，GDP 增加 140 元。

106 年學測「公民」

　　為刺激景氣提振經濟，政府推出低利貸款鼓勵民間消費與廠商投資，而政府本身也積極投入公共建設與都市更新。請問下列因低利貸款與政府措

施而帶動之經濟活動，對國內生產毛額（GDP）影響的敘述何者最為正確？

(A) 家戶單位因低利而增加購買成屋的支出皆計入 GDP

(B) 企業因擴建廠房而添購全新設備的支出不計入 GDP

(C) 政府成功推動都市更新使老屋翻新有助於提振 GDP

(D) 政府動支預算修繕維護各級道路並無助於提高 GDP

※ 標準答案：(C)

解析：

(A) 非商用不動產在完工時已經計算 GDP，故因低利貸款增加購屋支出也不計入 GDP，但若增加家具與電器的消費則計入 GDP。

(B) 企業增加新設備計入投資。

(C) 都更會增加 GDP。

(D) 政府修繕預算會增加政府支出，GDP 會增加。

111 年學測「社會」

美雲是單身職業婦女，獨力照顧同住的年邁母親，其餘兄弟並未分擔。近來母親失智情況惡化，她猶豫是否辭去工作照顧或聘請全天看護，但二者皆可能帶來身心與經濟壓力。美雲的困境反映我國因人口日趨老化，家屬照顧年長者的負擔也日益加重。因應上述問題，晚近政府積極改善長期照顧制度，例如：（甲）廣設日間照顧中心；（乙）改善外國籍家庭看護工引進政策；（丙）建立全國長照人員證照制度；（丁）提供直接補助給需要長照的家庭。請問：

依據題文資訊，政府實際執行（甲）與（丁）政策對當年 GDP 的計算與直接影響為何？

(A) 甲政策計入政府支出，不影響 GDP

(B) 甲政策計入政府移轉性支付，將增加 GDP

(C) 丁政策計入政府支出，將增加 GDP

(D) 丁政策計入政府移轉性支付，不影響 GDP

※ 標準答案：(D)

(A) 廣設日間照顧中心屬政府支出，應記入當年的 GDP。

(B) 廣設日間照顧中心屬政府支出，非移轉性支付。

(C) 改善外國籍家庭看護工引進政策，因未涉及政府支出，不影響 GDP。

(D) 提供直接補助給需要長照的家庭，應記入移轉性支出，不影響 GDP。

112 年學測「社會」

根據學者研究，荷蘭東印度公司與日本的進出口生意，於 1633 年後再度開張，並在 1638-1639 年達到高峰，成為日本最主要貿易夥伴之一。右圖為東印度公司與日本貿易興盛時期，販售所有商品及生絲的毛利潤（銷售收入－購買成本），其中生絲資料表示東印度公司賣生絲給日本所賺的錢。請問：

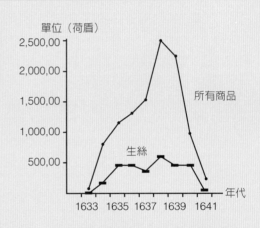

某生在估計 1638 年日本的 GDP 時，疏忽了題文與圖中的相關貿易資料，經提醒納入後重新計算得到較高的 GDP 估計值。該生補上的必須是下列哪項資料才能得到這個結果？

(A) 東印度公司該年度對日貿易的總收益高於總成本

(B) 東印度公司該年度對日貿易的總金額高於上年度

(C) 東印度公司販售商品給日本的金額低於向日本買入的金額

(D) 東印度公司賣生絲給日本的金額高於買入其他商品的金額

※ 標準答案：(C)

解析：

　　根據題目「重新計算得到較高的 GDP 估計值」代表某生原先低估了日本的 GDP，但重新計算後 GDP 提高，因 GDP 的淨出口部分為出口 (X)－

進口 (M)，淨出口值如果還增加，就代表日本出口的產值高於進口的產值，換句話說就是東印度公司的出口小於進口，因此「東印度公司販售商品給日本的金額低於向日本買入的金額」是對的。

110 年指考「公民與社會」

當資產價值因投機活動或市場預期而不斷提升，超越實體經濟的支撐以致於無法持續發展並快速下跌，即呈現一個泡沫經濟的過程。如以股票市場為例，下圖為某國國內生產毛額（GDP）和股市總市值的年資料，下列哪一段期間最可能呈現股市泡沫的過程？

(A) 1991 年至 1993 年

(B) 1992 年至 1994 年

(C) 1993 年至 1995 年

(D) 1994 年至 1996 年

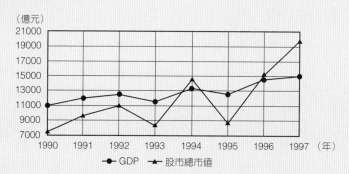

標準答案：(C)

解析：

泡沫經濟（Economic Bubble）是指資產價格遠遠高於其內在價值的現象。它通常是由於過度投機和非理性預期所導致，形成一種價格膨脹的狀態。當泡沫經濟無法持續時，就會發生價格暴跌並造成經濟危機。

» 泡沫經濟的主要特徵包括：

1. 資產價格脫離其內在價值：資產價格大幅高於其基本面，例如公司獲利、租金收入等實際產出價值。

2. 非理性狂熱：投資者對資產的未來前景過度樂觀，導致對資產的需求超過供給，推高價格。

3. 投機行為：有些投資者不是基於資產的內在價值投資，而是純粹投機獲利。

4. 借貸擴張：由於預期資產價格將持續上漲，投資者借入資金投資，導致信貸膨脹。

5. 價格波動加劇：當泡沫經濟逐漸被察覺，會引發恐慌性拋售，資產價格劇烈波動。

　　泡沫經濟一旦崩潰，會帶來嚴重的經濟後果，例如股災、債務危機等。因此，預防泡沫經濟的形成是政府和金融機構的重要任務。

　　根據附圖，符合股市泡沫的期間是 1993 年到 1995 年，以及 1997 年以後，此時股市的總市值高過於 GDP。

110 年指考「公民與社會」

　　若颱風來襲，中央氣象局會發布颱風警報及動態訊息，提醒居民做好防颱準備。當暴風圈接近或登陸時，各縣市政府會視當地狀況決定是否停班停課，成立災害應變中心，撤離居民或提供沙包給居民各自利用。颱風過後，政府會對受災戶給予補助與救濟，並進行災區復原，例如重建堤防。也有民間團體舉辦活動為災區募款。若風災導致蔬果供應量不足，政府也會進口國外蔬果。

　　上述各項政府措施、民間活動或風災影響情形，是否計入當年度國內生產毛額（GDP）的計算或對 GDP 影響的敘述，哪些正確？

(A) 政府宣布停班停課不會影響 GDP

(B) 政府對災區的重建支出會增加 GDP

(C) 政府對受災戶的補助列入 GDP 計算

(D) 風災對蔬果供應量的影響會使 GDP 減少

(E) 民間對受災戶的經費救濟不列入 GDP 計算

※ 標準答案：(B)(D)(E)

解析：

(A) 錯誤。政府宣布停班停課雖屬於行政命令，但放假可能影響民間消費。
(B) 正確。政府對災區的重建支出，例如重建堤防等，屬於基礎建設投資，會增加 GDP。
(C) 錯誤。政府對受災戶的補助屬於轉移性支付，不產生新的產出，不列入 GDP 計算。
(D) 正確。風災導致蔬果供應量不足，會減少農業總產出，從而降低 GDP。
(E) 正確。民間團體對受災戶的經費救濟屬於個人轉移支付，不構成最終產品或服務，不列入 GDP 計算。

111 年分科「公民與社會」

據媒體報導，因飼料價格上漲，加上禽流感肆虐、蛋商囤貨等因素，即便今年年初蛋價已上漲三成，市場依然一蛋難求，民眾苦不堪言。為了因應市場缺蛋現象，各方採取多項措施，例如：（甲）店家限制顧客每次只能購買 2 盒雞蛋，政府（乙）亦公告補貼蛋農生產的獎勵措施，（丙）宣布蛋價凍漲，要求售價不得超過每台斤 35 元，並（丁）進行現場稽查，嚇阻蛋商囤積行為。不過蛋商普遍反映收購價格及運輸成本均不斷提高，漲價為不得已，除非政府提高補貼才可能「凍漲」。另外運輸業不滿政府只補貼蛋農，因為他們也面臨油價大漲的壓力。請問：

題文哪項措施最無助於解決市場雞蛋供不應求的現象？

(A) 甲　　　　(B) 乙　　　　(C) 丙　　　　(D) 丁

※ 標準答案：(C)

解析：

政府宣布蛋價凍漲，要求售價不得超過每台斤 35 元，這是一種價格上限管制措施。在供給短缺的情況下，如果價格被限制在較低的價格，將進一步加劇供應短缺，無助於解決供需失衡問題。相反地，其他措施如限購（甲）、補貼生產者（乙）、打擊囤積行為（丁），都有助於增加供給或抑制需求，緩解短缺狀況。

其他條件不變下，今年年初的雞蛋價格變動，最可能導致下列何種市場效果？

(A) 雞蛋的需求減少

(B) 鴨蛋的需求增加

(C) 飼料的供給減少

(D) 雞肉的供給增加

※ 標準答案：(B)

解析：

由於雞蛋價格上漲，會導致部分消費者轉而購買替代品鴨蛋，因此鴨蛋的需求會增加。

112 年分科「公民與社會」

下圖為 2017 年全球四個區域的比較資料，分別為：

Ⅰ、各區域 GDP 占全球比例（依 PPP 指數轉成美元）；

Ⅱ、各區域 GDP 占全球比例（依匯率轉成美元）；

Ⅲ、各區域人口占全球比例。

某學生閱讀資料後，認為東亞及亞太人民的生活水準高於中東及北非，但老師卻認為剛好相反，並指出該生依據的資料組合不適合用來判斷人民生活水準的高低，而是應該依據其他的資料組合。請問：

若僅根據下圖資訊比較「歐洲及中亞」與「北美」整體物價水準的差異，結合供需架構和物價相關知識，下列推論何者最合理？

(A) 歐洲及中亞因較多人口刺激消費使物價水準高於北美

(B) 歐洲及中亞因較高所得刺激消費使物價水準高於北美

(C) 北美央行執行較多寬鬆貨幣政策而使物價水準高於歐洲及中亞

(D) 北美央行出售較多債券或定期存單使物價水準高於歐洲及中亞

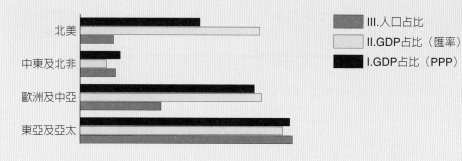

北美
中東及北非
歐洲及中亞
東亞及亞太

III.人口占比
II.GDP占比（匯率）
I.GDP占比（PPP）

※ 標準答案：(C)

解析：

(A) 錯誤，歐洲與中亞人口占比無顯著較高。

(B) 錯誤，歐洲與中亞無資料顯示高所得。

(C) 正確，北美 GDP 占比（匯率）高於 GDP 占比（PPP），因為寬鬆貨幣政策，推升物價。

(D) 錯誤，此為貨幣緊縮，會使物價降溫。

國民生產毛額、國內生產淨額、國民生產淨額與國民所得

國民生產毛額（Gross National Product, GNP）是衡量一個國家或地區經濟總體表現的一個重要指標。不同於國內生產毛額（GDP）主要關注在一國國境內產生的財貨和服務價值，GNP 將焦點放在由該國公民產生的經濟活動上，無論這些活動是在國內還是國外發生，都必須計入 GNP 中。

GNP 計算公式：

GNP ＝ GDP ＋本國生產要素在國外生產的產值－外國生產要素在本國生產的產值

GNP 與 GDP 有所區別，主要是計算基礎不同。GDP 以國境為計算基礎，涵蓋所有在國境內產生的經濟活動；而 GNP 以國民（國籍）為計算基礎，計算所有國民無論在國內外的經濟活動產值。再者，GNP 考慮了國民在國外的經濟活動和外國人在本國的經濟活動，進行了調整。例如：一個國家的公司在國外有分公司，這些分公司的收入會被計入該國的 GNP 中，而不是 GDP 中

■ 圖 3-1：GNP 的計算

GNP 的重要性：

1. 國民收入衡量：GNP 是衡量一國國民總體經濟表現和收入水準的重要指標，特別是對於那些擁有大量海外投資的國家而言。
2. 國際比較：GNP 有助於進行不同國家之間的經濟比較，尤其是在考慮國際收入轉移和國外直接投資時。
3. 政策制定：對政府而言，GNP 提供了關於國民經濟總量的資訊，有助於制定相關的財政和貨幣政策。

GNP 與 GDP 一樣也有其侷限性，它不包括非市場交易，如家庭內部的勞動和服務，同時也不考慮環境損害、資源枯竭等因素。此外，GNP 也未能直接反映人均收入分配的情況。因此，在評估一個國家的經濟福祉時，GNP 只是多個重要指標之一。

　　國內生產淨額（Net Domestic Product, NDP）是一個國家或地區在一定時期內生產活動的淨結果，NDP 考慮到了資產的折舊或資本消耗，扣除了生產過程中固定資產折舊後的經濟產出的淨值，從而更準確地反映了該時期內經濟的真實增長情況。

NDP 的計算：

NDP ＝ GDP －折舊

1. GDP（國內生產毛額）：指一定時期內，一國境內生產的所有最終財貨和服務的市場價值總和。
2. 折舊：反映了在生產過程中固定資產的價值減少，包括機器、建築物和其他長期投資在使用過程中的磨損和老化。

■ 圖 3-2：NDP 的計算

NDP 的意義：

1. 經濟增長評估：NDP 扣除了資產的折舊，因此更能準確反映一國或地區經濟實際增長的情況。
2. 投資需求：有助於評估維持經濟現有產能所需的投資水準，以及為了實現增長而需要的額外投資。
3. 政策制定：政府和決策者可以利用 NDP 數據來制定財政和經濟政策，特別是在投資和基礎設施更新方面的決策。

　　雖然 NDP 提供了在考慮資本消耗後的經濟產出淨值，但它仍有侷限性。例如：它不考慮環境損害、資源枯竭或社會福利的變化。此外，折舊的計

算往往有一定的主觀性，不同的折舊方法可能導致 NDP 的差異。

國民生產淨額（Net National Product, NNP）是從國民生產毛額（GNP）中扣除固定資產折舊之後的數值，用以反映一國國民一定時期內的淨經濟活動成果。NNP 更加精確地表示了在考慮資產價值減少後，國家經濟所創造的淨價值。

NNP 的計算公式：

NNP = GNP −折舊

圖 3-3：NNP 的計算

其中：

1. GNP：一定時期內，國民無論在國內外的所有經濟活動中所生產的最終財貨和勞務的市場價值總和。
2. 折舊：反映了在生產過程中固定資產的價值減少，包括機器、建築物和其他長期投資在使用過程中的磨損和老化。

NNP 的重要性：

1. 經濟增長的真實反映：NNP 扣除了折舊，因此更能真實地反映國家經濟增長的情況，是評估經濟表現的重要指標之一。
2. 經濟政策制定：NNP 可以幫助政策制定者評估經濟政策的效果，特別是在資本維護和更新方面的政策。
3. 國際比較：NNP 提供了一個在考慮了資產折舊後的經濟產出值，有助於更公平地進行不同國家經濟規模和生產效率的國際比較。

國民所得（National Income, NI）是衡量一國全體國民在一定時期（通常是一年）內從其生產活動中所獲得總收入的經濟指標。它包括了勞動所得（如工資和薪資）、資本所得（如租金、利息和股息）以及企業利潤。國民所得是衡量一國經濟績效和居民福祉的重要指標之一。

國民所得可以通過以下幾種方式來計算：

1. 收入法：直接加總全體國民因參與生產活動而獲得的各類收入，包括工資、租金、利息和企業利潤。

   NI ＝工資＋租金＋利息＋利潤

2. 由 GNP 轉化：從國民生產毛額（GNP）扣除折舊（固定資本消耗）和間接稅淨額（間接稅減去補貼）後得到國民所得。

   NI ＝ GNP －折舊－間接稅淨額

3. 由 NNP 轉化：從國民生產淨額（NNP）扣除間接稅淨額後得到國民所得。

   NI ＝ NNP －間接稅淨額

國民所得的意義：

1. 經濟福祉的衡量：國民所得是衡量一國居民經濟福祉水準的關鍵指標，反映了居民的收入水準和生活品質。

2. 經濟分析和政策制定：國民所得的數據被廣泛用於經濟分析和政策制定中，特別是在預算、稅收和社會福利等領域。

3. 國際比較：通過比較不同國家的國民所得，可以評估和比較它們的經濟績效和居民福祉水準。

儘管國民所得是一個重要的經濟指標，但它也有一些侷限性，例如不包括非市場交易、自給自足的生產、家務勞動和志願服務等。此外，它也不能反映收入分配的不平等情況和環境品質的變化。

名目 GDP 與實質 GDP

名目 GDP（Nominal GDP），也稱為當期價格 GDP，是指在一定時期內（如一年或一季度），一國（或地區）內生產的所有最終財貨和服務的市場價值總和，計算時使用的是當期的市場價格。這意味著名目 GDP 只考慮了當期的產量和當期的價格水準，並直接反映了經濟中財貨和服務的交易情況。

名目 GDP 的特點：

1. 當期價格：名目 GDP 的計算基於當期價格，不對價格變動進行調整。因此，它受到通貨膨脹或通貨緊縮的影響。

2. 經濟規模的指標：名目 GDP 是衡量一國經濟規模和經濟活動水準的直觀指標，用於國際比較和經濟分析。

▌ 圖 3-4：名目 GDP 的特點

由於名目 GDP 使用當期價格計算，所以它無法區分經濟增長是由於實際產出增加還是價格水準上升（即通貨膨脹）所導致。這就需要使用實質 GDP 來排除價格因素的影響，更準確地衡量經濟增長。

政府和決策者經常參考名目 GDP 來評估經濟規模、制定財政政策和進行國際經濟比較。然而，對於分析經濟增長趨勢和生產力變化，實質 GDP（Real GDP）是一個更有用的指標，因為它提供了一個排除了價格變動影響的經濟表現視角。

名目 GDP 與實質 GDP 不同，後者是衡量一國在一定時期內經濟活動產出的重要指標，它通過將名目 GDP（以當期價格計算的 GDP）按照基期價格進行調整，排除物價水準變化的影響，從而反映該國實際生產活動的總

量。實質 GDP 的計算可以更準確地衡量一國經濟增長的實際情況，因為它只關注實際產出的變化，而不受通貨膨脹或通貨緊縮影響。

實質 GDP 的計算通常涉及以下步驟：

1. 選擇一個基準年（基期），這是一個相對穩定且經濟代表性較強的年份。
2. 使用基期的價格來評估當期的生產活動，計算當期所有最終財貨與勞務按基期價格的總價值。
3. 將這些按基期價格計算得出的值加總，得到實質 GDP。

實質 GDP 的重要性：

1. 經濟增長分析：實質 GDP 提供了一種排除物價變動影響的方法來衡量經濟增長，使得不同時期或不同國家的經濟增長率可以公平比較。
2. 政策制定參考：政府和決策者使用實質 GDP 數據來評估經濟狀況，制定經濟政策，包括財政政策和貨幣政策。
3. 生活水準指標：實質 GDP 增長通常與居民生活水準的提高相關聯，可以作為衡量生活品質改善的一個指標。

圖 3-5：實質 GDP 的重要性

3-4 # GDP 平減

　　GDP 平減（GDP Deflator）是衡量一個國家或地區在特定時期內價格水準變化的一個重要指標，用來反映名目 GDP 與實質 GDP 之間的關係，進而衡量該時期內的通貨膨脹或通貨緊縮情況。GDP 平減提供了一種衡量經濟中所有最終財貨和服務價格變化的方法，是經濟分析和政策制定中的一個重要工具。

　　GDP 平減指數的意義：

1. 通貨膨脹的測量：GDP 平減指數反映了一定時期內經濟中所有商品和服務價格的平均變動，是衡量通貨膨脹的關鍵指標之一。

2. 經濟增長分析：通過比較名目 GDP 和實質 GDP 的差異，可以更準確地分析經濟增長的真實情況，排除物價變動的影響。

3. 政策制定：GDP 平減指數為政府制定貨幣政策和財政政策提供了重要參考，幫助政府評估通膨壓力並制定相應對策。

　　需要注意的是 GDP 平減指數和消費者價格指數（CPI）都可以用來測量通貨膨脹，但它們的計算範圍和方法有所不同。CPI 主要反映居民家庭消費的商品和服務價格變動，而 GDP 平減指數則包含了國內所有最終財貨和服務的價格變動，範圍更廣，因此在某些情況下，這兩個指數可能會有不同的變動趨勢。

CPI
- 家庭消費的商品的價格變動
- 家庭消費的服務的價格變動

GDP 平減
- 國內所有最終服務的價格變動
- 國內所有最終財貨的價格變動

圖 3-6：GDP 平減與 CPI 的比較

流量與存量

流量（Flow）是指在一定時間內測量的經濟活動量，表示在這段時間內發生的變化量。它涉及到收入、支出、生產、消耗等經濟變數的變化，並用來描述這些變化在特定時間段內的速率或總量。流量的概念對於理解經濟過程、進行經濟分析和制定政策具有重要意義。

流量的特點：

1. 時間性：流量的測量與時間緊密相關，它代表了某個特定時期內的經濟活動量。
2. 動態變化：流量變數能夠反映經濟活動在時間上的動態變化，如收入增加、產出成長等。
3. 週期性測量：流量通常按照日、月、季或年等週期來測量，以展示經濟變數在這些時期內的變化。

流量的例子：

1. 國內生產毛額（GDP）：表示一個國家在一定時期（如一年）內生產的最終商品和服務的總價值，是流量的一個例子。
2. 收入：個人或企業在一定時期內從勞動、資本或其他來源獲得的總額。
3. 支出：個人、企業或政府在特定時期內的總消費和投資。
4. 儲蓄：在特定時期內，個人或企業所得收入與其消費之間的差額。

存量（Stock）是指在特定時點上所累積的經濟資源或負債的總量，它強調的是靜態狀態和某時點的累積結果。存量沒有時間維度，是在某一時刻的快照。例如：企業的資產負債表上的現金、存貨、固定資產以及債務等都是存量的例子。

流量和存量之間存在著密切的關聯。流量在一段時間內的累積結果會影響存量的大小，反之，存量的變化也會影響到流量的產生。例如：企業的利潤（流量）會增加企業的累積盈餘（存量），企業的資產總額（存量）的增加可能來自於過去一段時間內的投資活動（流量）。

流量與存量的區別：

1. 存量（Stock）：在某一特定時點上的量度，如資產、負債、貨幣供應量等，反映了某一時刻的狀態或累積量。

2. 流量：在一段時間內的變化量，反映了經濟變數的增加或減少速度。

▌圖 3-7：流量的概念有點像是圖中的水龍頭流下的水量，存量則像是水桶中的水。

消費者物價指數

消費者物價指數（Consumer Price Index, CPI）是衡量一定時期內家庭常用消費品和服務價格水準變動的指標，用於反映居民消費物價的變動情況和通貨膨脹率。CPI 的計算涵蓋了家庭日常生活中的各類商品和服務，如食品、衣物、住房、醫療保健、教育和娛樂等，旨在代表整體消費者在消費過程中面臨的價格變化。

CPI 的計算：

1. 選擇基期：CPI 計算首先選擇一個特定的基年，將這一年的 CPI 設定為 100 作為比較基準。
2. 選擇一籃子消費品：根據家庭消費調查數據，選擇一系列代表性的商品和服務組成一籃子消費品。
3. 收集價格數據：定期收集一籃子消費品中各項商品和服務的價格數據。
4. 計算 CPI：利用當期與基期商品價格的比較，按照一籃子消費品中各項商品和服務的權重計算 CPI。

CPI 的用途：

1. 衡量通貨膨脹：CPI 是最常用來衡量一國或地區通貨膨脹水準的指標。通過比較不同時期的 CPI，可以計算出通貨膨脹率。
2. 調整工資和福利：許多國家和地區會將工資、退休金和社會福利與 CPI 連結，以確保這些收入能夠反映生活成本的變化。
3. 經濟政策制定：政府和中央銀行使用 CPI 作為制定貨幣政策和財政政策的重要依據之一，以控制通貨膨脹率。

CPI 的侷限性：

1. 範圍限制：CPI 僅反映家庭的消費品和服務價格變動，可能無法全面反映所有商品或服務的消費價格變動。
2. 品質變化：CPI 難以準確反映商品和服務品質的變化對價格的影響。
3. 新商品和服務：隨著新商品和服務的出現，商品的更新可能存在滯後性，無法代表當時的價格變化。

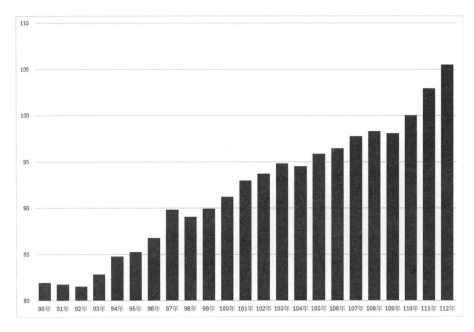

■ 圖 3-8：我國 CPI 指數（民國 110 年＝ 100）
　資料來源：行政院主計總處

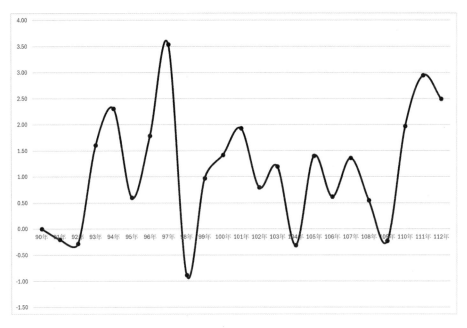

■ 圖 3-9：我國 CPI 年增率（民國 110 年＝ 100）
　資料來源：行政院主計總處

考題指標程度：★★★

104 年指考「公民與社會」

下表為甲、乙、丙三個國家在 2006 年至 2010 年間的消費物價指數（CPI）：

西元	2006	2007	2008	2009	2010
甲國	100	98	104	107	109
乙國	96	100	105	108	110
丙國	110	112	115	118	120

根據上表以及 CPI 的編制方式，請問下列敘述何者正確？
(A) CPI 是以所採樣商品的價格為權數，利用加權平均的方式進行計算
(B) 甲、乙兩國 CPI 的基期分別為 2006 年與 2007 年，丙國則為 2005 年
(C) 在 2010 年丙國的 CPI 最高，顯示該年丙國的 GDP 也高於甲、乙兩國
(D) 一般以 CPI 的變化作為顯示生活成本變化以及調整薪資的參考
※ 標準答案：(D)

> **解析：**

(A) CPI 是衡量家庭消費品價格變動程度的物價指數。
(B) 丙國的基期看不出是 2005 年（基期＝ 100）。
(C) 2010 年 CPI 以乙國最高。
(D) CPI 的變化率為物價年增率，通常可以當作生活成本的變化或調薪（包含基本工資）的參考。

根據表中內容以及通貨膨脹對經濟體系的影響，請問下列敘述何者正確？
(A) 2010 年，甲國的物價上漲率最高、乙國次之，丙國的物價上漲率最低
(B) 自 2007 年起至 2010 年為止，甲、乙、丙三國每年均出現物價上漲的現象
(C) 通貨膨脹會引起所得與財富重分配效果，有利於債權人、不利於債務人
(D) 廠商因通貨膨脹而須重印價目表與郵寄新型錄給客戶的成本稱為廣告成本
※ 標準答案：(A)

解析：

(A) 2010 年甲乙丙三國的物價上漲率分別為 1.9%、1.85%、1.7%。

(B) 甲國在 2007 年物價下跌。

(C) 通貨膨脹會稀釋債務，因為本金會因為通貨膨脹後，實質債務會愈來愈小，有利於債務人，不利於債權人。

(D) 重印價目表這些成本稱之為「菜單成本」（Menu Cost），為經濟體為了應付通貨膨脹的調整所額外付出的成本。

107 年指考「公民與社會」

依據表中資料，可於設定基期年後計算各年度的消費者物價指數。以下敘述何者正確？

(A) 以 2016 年為基期，2017 年消費數量雖然較少，但該年的物價指數高於 2016 年

(B) 以 2017 年為基期，2015 年消費數量只要增加，該年物價指數可能高於 2017 年

(C) 2015 至 2017 年兩種商品單價年增金額相同，故此三年的物價指數成長率皆同

(D) 以 2014 年為基期，2014 年和 2016 年兩種商品單價雖相同，但物價指數卻不同

年度	高麗菜菜價	消費數量	高麗菜水餃單價	消費數量
2014	40	90	6	800
2015	20	100	3	1,000
2016	40	80	6	900
2017	60	50	9	500

※ 標準答案：(A)

解析：

以 2014 年為基期：

年度	高麗菜菜價	消費數量	物價指數	高麗菜水餃單價	消費數量	物價指數
2014	40	90	100	6	800	100
2015	20	100	50	3	1,000	50
2016	40	80	100	6	900	100
2017	60	50	150	9	500	150

以 2016 年為基期：

年度	高麗菜菜價	消費數量	物價指數	高麗菜水餃單價	消費數量	物價指數
2014	40	90	100	6	800	100
2015	20	100	50	3	1,000	200
2016	40	80	100	6	900	100
2017	60	50	150	9	500	150

以 2017 年為基期：

年度	高麗菜菜價	消費數量	物價指數	高麗菜水餃單價	消費數量	物價指數
2014	40	90	67	6	800	67
2015	20	100	33	3	1,000	33
2016	40	80	67	6	900	67
2017	60	50	100	9	500	100

生產者物價指數

生產者物價指數（Producer Price Index, PPI），反映出業者商品生產的成本價格變化，因為消費價格常受成本影響，通常可視為 CPI 的先行指標。

PPI 衡量了生產者出售商品時的價格變動，與 CPI 主要關注最終消費者支付的價格不同，PPI 著重於生產階段的商品價格，反映了從生產者角度看商品價格的變化情況。因此，PPI 可以提供有關商品生產成本變動的重要資訊。

PPI 的特點：

1. 成本變動：PPI 捕捉到的是生產階段的價格變動，因此反映了原材料、加工成本和其他生產成本的變化。

2. 先行指標：由於生產成本的變動通常會在之後反映在消費者價格上，所以 PPI 常被視為 CPI 的先行指標。

3. 廣泛應用：PPI 不僅關注特定行業或商品，它覆蓋了經濟中的廣泛生產活動，包括製造業、農業、採礦業等多個領域。

PPI 與 CPI 的區別如下表：

▼ 表 3-2：CPI 與 PPI 的比較

	CPI	PPI
觀察對象	消費者購買最終消費品和服務時的價格	生產者銷售商品時的價格
應用範圍	衡量消費者生活成本的變化	評估經濟中生產成本的變動
領先與落後	落後指標	領先指標

▼ 表 3-3：我國 PPI 與 CPI 的比較（PPI 於 110 年開始編列統計）

年度	PPI 指數	PPI 年增率	CPI 指數	CPI 年增率
110 年	100.00	-	100.00	1.97
111 年	110.51	10.51	102.95	2.95
112 年	109.88	-0.57	105.51	2.49

資料來源：行政院主計總處

3-8 所得

所得（Income）是指個人、家庭、企業或國家在一定時期內（如一個月、一季度或一年）因提供勞動、資本、土地或知識產權等生產要素而獲得的總報酬。所得可以來自多種來源，包括工資與薪水、利息收入、租金收入、股息以及企業利潤等。

所得的主要類型：

1. 工資與薪水：勞動者因為提供勞動服務而從雇主那裡獲得的報酬。
2. 利息收入：因存款、債券或其他金融資產的投資而獲得的收入。
3. 租金收入：出租土地、建築物或其他物質資產獲得的收入。
4. 股息：公司分配給股東的利潤部分，作為持有公司股份的報酬。
5. 企業利潤：企業在扣除成本後獲得的剩餘收入，可能再投資或分配給股東。

所得的重要性：

1. 消費與儲蓄：所得決定了個人或家庭的消費能力和儲蓄能力，進而影響到經濟的需求側。
2. 稅收：所得是政府徵收個人所得稅和企業所得稅的基礎，對於政府的財政收入至關重要。
3. 社會福利：所得水準是衡量居民生活品質和社會福利的重要指標之一。
4. 經濟增長：所得水準的提高通常意味著生產效率的提升和經濟增長。

至於所得分配是指所得在個人、家庭或社會各個層面之間分配的方式。

公平合理的所得分配對於社會穩定、減少貧困和促進經濟發展至關重要。不平等的所得分配可能導致社會矛盾和經濟效率低下。因此，許多國家通過稅收、社會保障和公共服務等政策工具來調節所得分配，以實現更加公平和永續的發展目標。

圖 3-10：所得的結構

所得重分配

所得重分配（Redistribution of Income）是指政府透過稅收、社會福利及其他政策措施，對市場產生的原始所得分配進行調整，以達到減少所得不均、促進社會公平和經濟穩定的目的。

由於每個人的所得是依據其在市場上的能力來進行分配，因此，所得有高低之分，這是很正常的現象，如某些具有專業能力的人所得高，基層勞工所得低。久而久之，高所得的人持續保有高所得，而低所得的人依然所得偏低。

正因為所得分配日趨不均，容易造成社會對立的問題，同時，也不利於經濟成長。有鑑於此，政府就會透過賦稅與社會福利兩項措施來進行所得重分配，讓兩者之間的差異得以縮小，改善原始所得分配情況。

所得重分配的主要措施：

1. 實施累進稅制：透過累進稅率的個人所得稅和財產稅等，高收入者比低收入者負擔更多的稅負，以達到所得重新分配的效果。
2. 提供社會福利：政府提供失業救濟、養老保險、醫療保障、低收入家庭補助等社會福利措施，直接向低收入群體轉移收入。
3. 提供公共服務：提供免費或低價的教育、醫療和住房等公共服務，幫助改善低收入家庭的生活條件，間接實現所得重分配。
4. 實施最低工資：設定最低工資標準，保障基層勞工的基本生活需要。

所得重分配的重要性：

1. 減少貧富差距：透過所得重分配，可以緩解因市場機制導致的收入不均現象，減少社會經濟不平等。
2. 促進社會穩定：所得重分配有助於減輕社會矛盾，維護社會和諧與穩定，創造良好的社會秩序。
3. 支持經濟成長：通過改善低收入群體的生活條件，激勵更多人參與勞動市場，增加消費需求，從而促進經濟增長。
4. 提高社會福利：確保所有人都能獲得基本的生活保障和公共服務，提高整體社會福祉。

儘管所得重分配被認為是實現社會公平和經濟穩定的有效手段，但在實踐中也面臨著許多挑戰。例如：如何設計一個既能有效實現重分配目標，又不過度抑制經濟激勵的稅收和福利體系，在制定政策時必須愼重考量。此外，過度的重分配可能會對個人的工作動力和企業的投資意願產生負面影響，因此在實施所得重分配政策時需要平衡各種因素，方能達到最佳的社會經濟效果。

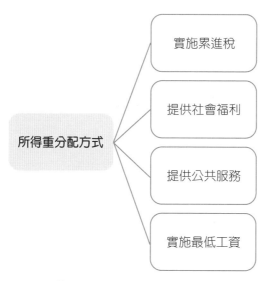

▌ 圖 3-11：所得重分配方式

貨幣（Money）作爲一種經濟工具，對於現代經濟體系的運行至關重要。它的出現極大地促進了交易的便利性，並且在經濟活動中扮演著多種角色。以下是貨幣的四種基本功能：

1. 交易媒介（Medium of Exchange）

- 定義：貨幣作爲交易媒介意味著它被普遍接受作爲買賣商品和服務的媒介。使用貨幣可以避免交易中的雙重巧合需求（即賣家需要買家所提供的商品或服務，而買家也需要賣家的商品或服務），從而極大地提高交易的效率。
- 作用：減少交易成本，促進市場交易的發生。

2. 計價單位（Unit of Account）

- 定義：貨幣提供了一個共同的計量和評價商品、服務及其他交易對象價值的單位。它使得不同商品和服務之間的價值得以比較。
- 作用：促進了市場中價格的形成和資源的合理分配。

3. 價值儲藏（Store of Value）

- 定義：貨幣能夠使價值隨時間得以保存，人們可以通過持有貨幣來保存和轉移財富。
- 作用：鼓勵儲蓄，並且爲未來的消費和投資提供了可能。

4. 遞延支付標準（Standard of Deferred Payment）

- 定義：貨幣作爲遞延支付的標準意味著它可以用於約定現在購買但將來支付的商品和服務的價格，在貸款和信用交易中使用貨幣來衡量未來債務的價值。
- 作用：促進了信用交易的發展，擴大了經濟活動的範圍。

　　貨幣的這些功能是相互關聯的，共同支撐著現代經濟體系的運作。隨著經濟的發展和科技的進步，貨幣的形態也在不斷演變，從最初的實物貨幣到現在的電子貨幣，其本質功能卻始終不變。

■ 圖 3-12：貨幣的四種功能

高中高職經濟學圖解速成：學測、分科不求人

考題指標程度：★★★★★★★★

104 年指考「公民與社會」

使用貨幣可以讓交易更為順暢，但貨幣的過度發行也會為經濟帶來不利的影響。請問以下與貨幣相關的敘述哪些正確？

(A) 貨幣由中央銀行發行，但貨幣政策則由財政部制定

(B) 解決交易雙方欲望無法相互配合問題，為貨幣之交易媒介功能

(C) 降低經濟體系商品交換比率的個數，為貨幣之價值儲存之功能

(D) 商品與貨幣的交換比率稱為物價，貨幣間之兌換關係稱為利率

(E) 透過控制貨幣供給數量或調整利率的方式，可以穩定物價水準

※ 標準答案：(B)(E)

解析：

(A) 貨幣政策為中央銀行制定（每個國家的中央銀行名稱都可能不一樣）。

(B) 貨幣的交易媒介可以降低交易時的成本。

(C) 貨幣的價值儲藏功能可以將生產價值儲藏，待下一次交易時所需，解決生產商品或勞務時不一致的問題。

(D) 中央銀行可以透過貨幣政策調控貨幣供給（增加或減少）與利率，可以穩定物價。當物價過低時可以釋出貨幣，貨幣供給增加，利率下降；當物價過高時，則減少貨幣供給，利率上升。

105 年指考「公民與社會」

甲有一條活魚，打算和乙交換五斤的地瓜，但由於地瓜尚未收成，這個交易須在一星期後才能完成。等到一星期後他的魚死掉了，乙不肯跟他進行交易。但如果有貨幣的存在，甲當天便可把魚賣掉，一週後再向乙購買地瓜。因為貨幣的哪一種功能造成以上兩種情況的差異？

(A) 價值的儲存功能　　　　(B) 共同的記帳單位

(C) 約定延期支付的標準　　(D) 解決商品需求不一致

※ 標準答案：(A)

(A) 貨幣具有價值的儲藏功能。貨幣的價值儲藏功能可以將生產價值儲藏，待下一次交易時所需，解決生產商品或勞務時不一致的問題。

(B) 題旨並未提到有記帳單位。貨幣的交易媒介可以降低交易時的成本。

(C) 遞延支付指的是貨幣有助於在不同時間裡完成交易，如買方取得商品或勞務後，經過一段時間才支付代價，貨幣可以充當遞延支付的標準。

(D) 貨幣的功能無此項定義。

106 年指考「公民與社會」

若中央銀行（央行）透過貨幣政策擴大整體社會的貨幣流通數量，請問下列何者爲將會出現的結果？

(A) 提高物價的水準　　　　　(B) 提高貨幣的購買力

(C) 降低民眾對於商品的需求　(D) 央行可能出現虧損而破產

※ 標準答案：(A)

解析：

央行若擴大貨幣政策，則會增加貨幣供給，因此將導致物價上升。

108 年指考「公民與社會」

以臺灣而言，透過改變貨幣數量之貨幣政策，爲政府調節景氣循環的政策工具之一。表五爲各政府機關對此提出之措施內容。請問該表中何者屬於貨幣政策且與該政府機關之職權相符？

	提出機關	措施內容
政策措施一	財政部	減稅
政策措施二	行政院	公開市場操作
政策措施三	中央銀行	降低存款準備率
政策措施四	國家發展委員會	發放消費券予大眾

(A) 政策措施一　(B) 政策措施二　(C) 政策措施三　(D) 政策措施四

※ 標準答案：(C)

	提出機關	措施內容	政策屬性
政策措施一	財政部	減稅	財政政策／財政部
政策措施二	行政院	公開市場操作	貨幣政策／中央銀行
政策措施三	中央銀行	降低存款準備率	貨幣政策／中央銀行
政策措施四	國家發展委員會	發放消費券予大眾	財政政策／國發會

108 年指考「公民與社會」

隨著金融發展與科技進步，大眾逐步從實體貨幣、信用卡等，改以如臺灣 Pay 之行動支付來完成交易。這不但讓交易的方便性大為提高，也讓大眾持有實體貨幣的需要下滑。以下有關上述各交易工具對總體經濟影響的敘述何者正確？

(A) 行動支付列入貨幣發行數量計算範圍，故後者會因前者的廣泛使用而提高

(B) 通貨膨脹會隨信用卡、行動支付等非實體貨幣交易媒介之使用盛行而上升

(C) 利率為資金之機會成本，其水準會隨這些交易工具使用方便性提高而下降

(D) 讓交易便利之工具愈普及，可促進消費、經濟發展，亦有助政府稅收課徵

※ 標準答案：(D)

解析：

(A) 行動支付金額為存款，不計入貨幣發行量，不影響貨幣供給。

(B) 因支付工具不計入貨幣發行量，故信用卡、行動支付等非實體貨幣交易媒介之使用盛行，不會造成通貨膨脹。

(C) 因支付工具不計入貨幣發行量，不會影響利率。

(D) 讓交易便利之工具愈普及有助於提高交易機會與規模，有助於稅收課徵。

民眾若有多餘資金，可以參加民間標會，或存入銀行，以賺取利息。需要資金者也可以參與標會或向銀行貸款以取得資金。以下有關標會與存款的敘述何者正確？

(A) 在違約或倒帳風險不存在下，對有多餘資金者而言，參與標會之獲利通常會比存款爲高

(B) 標會的收益與參加標會者人數有關，存款的收益則與向銀行借貸者之資金需求金額有關

(C) 參與標會者知道會員是誰，但銀行貸放資金不知道借款者爲誰，故存款的風險高於標會

(D) 標會雖屬於民間的借貸活動，但與商業銀行存款一樣，其行爲受政府金融監理機關管理

※ 標準答案：(A)

解析：

(A) 標會具備違約與倒帳風險，利率比較高。

(B) 標會的收益與銀行借貸者之資金需求金額無關。

(C) 參與標會者知道會員是誰，但銀行貸放資金也知道借款者爲誰，存款的風險低於標會。

(D) 標會不受政府金融監理機關管理。

108 年指考「公民與社會」

　　銀行理財專員爲客戶分析投資臺灣與外國股市的差異，提出以下說明內容，請問何者正確？

(A) 未來新臺幣價位趨於弱勢，投資美國股市可以額外賺取美元升值的收益

(B) 美國與中國的貿易戰爭，爲企業帶來的不確定僅會影響美國與中國股市

(C) 美國聯邦準備理事會可能降息，此對美國股市不利恐連帶拖累臺灣股市

(D) 國際股市投資標的衆多，適合退休族投入，以高獲利保障退休生活穩定

※ 標準答案：(A)

解析：

(A) 假定未來新臺幣價位趨於弱勢，意思是新臺幣會貶值，投資美國股市可以額外賺取美元升值的收益，可以換回更多的新臺幣。

(B) 經濟為全球化，美國與中國的貿易戰爭，為企業帶來的不確定不僅會影響美國與中國股市，也會擴及其他國家。

(C) 美國聯邦準備理事會可能降息，因為釋出貨幣，對美國股市有利，也會讓臺灣股市上漲。

(D) 退休族的退休金較適合低風險的投資組合，讓退休生活穩定。

準備金制度

準備金制度（Reserve Deposit Requirement System）是中央銀行用於貨幣政策執行和金融體系穩定性管理的一個重要工具。通過規定商業銀行和其他存款接受機構必須在中央銀行保留一定比例的存款作為準備金，中央銀行能夠影響銀行體系的貨幣創造能力，從而達到調控經濟的目的。

準備金制度的主要目的：

1. 控制貨幣供應：通過調整準備率（即銀行必須保留的存款比例），中央銀行能夠影響商業銀行的放貸能力，進而控制社會的貨幣供應量。
2. 保障存款人利益：設立準備金有助於保證銀行能夠滿足存款人的提款需求，從而維護存款人利益和金融體系穩定。
3. 管理流動性：準備金制度能夠幫助中央銀行更有效地管理市場流動性，對抗金融市場的過度波動。

準備金制度的運作方式：

1. 法定準備金：是中央銀行強制要求商業銀行按照一定比例保留的存款準備金，其目的是為了確保銀行系統的流動性和存款人的利益。
2. 超額準備金：是商業銀行自願保留，超過法定要求的那部分準備金，反映了銀行對未來流動性需求的預期和風險管理策略。

準備金率的調整影響：

1. 提高準備率：會限制商業銀行的信貸創造能力，減少市場上的貨幣供應量，可能用於遏制通膨壓力。
2. 降低準備率：會增加銀行的貸款能力，增加市場貨幣供應，可能用於刺激經濟增長。

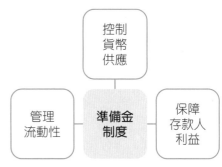

■ 圖 3-13：準備金制度的目的

準備金制度是中央銀行實施貨幣政策的重要工具之一，通過對商業銀行準備金要求的管理，中央銀行能夠有效地調節經濟活動，維護金融市場的穩定和健康發展。

信用創造與貨幣乘數

信用創造（Credit Creation）是商業銀行系統的一項基本功能，透過這一過程，銀行能夠將存入的存款轉變成多倍的貸款，從而在經濟中增加更多的流通貨幣和信用額度。這種能力源自於商業銀行操作的準備金制度，即銀行只需保留存款中的一小部分作為準備金，其餘則可以用於發放貸款或進行其他投資。

信用創造的過程：

1. 存款：當企業或個人將錢存入銀行時，這筆錢成為銀行的負債（對存款人的負債）和資產（現金）。
2. 貸款：銀行保留一部分存款作為法定或政策要求的準備金，其餘的部分可以用來發放貸款或購買投資產品。
3. 存款轉化為貸款：當銀行發放貸款時，這筆貸款資金通常會被存入另一家銀行或同一家銀行的不同帳戶，成為該銀行的新存款，這些新存款再次成為發放更多貸款的基礎。
4. 貨幣供應倍增：通過這種存款和貸款的循環過程，原始存款被多次利用和擴大，形成了遠超過最初存款額的貨幣供應量。

信用創造的影響：

1. 經濟增長：信用創造能夠為企業和個人提供更多的貸款和信用，從而支援投資和消費，促進經濟增長。
2. 通貨膨脹壓力：過度的信用創造可能導致市場上流通貨幣過多，增加通貨膨脹壓力。
3. 金融穩定性：如果貸款品質不佳，可能會導致壞帳增加，影響銀行的財務穩定性和經濟的整體健康。

為了確保信用創造的正面效果並避免潛在的負面影響，中央銀行通過貨幣政策工具（如準備金要求、利率政策和開放市場操作）來調控商業銀行的信用創造活動，旨在實現價格穩定和支持經濟持續健康發展。

存款　　　　貸款　　　　存款轉貸款　　　貨幣供應倍增

圖 3-14：信用創造的過程

信用創造是指商業銀行通過存款和貸款操作，增加社會總貨幣供應量的過程。以下是一個實際案例，說明信用創造的過程：

假設銀行的法定準備率為 10%，這意味著銀行必須將存款的 10% 保留為準備金，剩餘的 90% 可以用於貸款。

1. 某顧客向銀行存入 100 元。按照 10% 的準備率，銀行將 10 元留作準備金，90 元則可作為貸款。

2. 當銀行將這 90 元貸給其他人時，這些錢很可能會被用來購買商品或支付服務，而收款方可能再次將這 90 元存入銀行或其他金融機構。

3. 銀行再次收到這 90 元存款後，根據準備率，會保留 9 元作為準備金，並將剩餘的 81 元作為貸款。

4. 如此循環往復，每次銀行收到新的存款時，都會留下 10% 作為準備金，其餘 90% 再次貸出。下一輪，銀行會從 81 元中保留 8.1 元，再貸出 72.9 元。

總結這個過程，從最初的 100 元存款開始，銀行通過連續的貸款和存款循環，創造了遠超過原始 100 元存款的信用金額。這一連串的貸款和存款操作，使得總貨幣供應量增加，即完成了信用創造。

這個過程可以用數學公式表示為：

$$總信用創造 = 初始存款 \times \frac{1}{法定準備率}$$

在本案例中，若無其他限制，最終信用創造的總額 = 100 元 × (1/0.1) = 1,000 元。這表明，最初的 100 元存款最終可能導致總貨幣供應量增加到 1,000 元，創造了 10 倍的信用，這就是信用創造。

信用創造的過程就是靠貨幣乘數（Money Multiplier）。貨幣乘數是描述在現代銀行體系中，中央銀行發行的基礎貨幣（強力貨幣或貨幣基數）能夠通過商業銀行的信用創造活動擴張成多少倍最終貨幣供應量（M1、M2

等）的一個指標。簡而言之，它表明了一定量的中央銀行貨幣如何被商業銀行系統放大成爲更大量的銀行存款。

貨幣乘數的計算方法：

貨幣乘數 (M) 可以用以下公式計算：

M = 1/R

　　R 是法定準備率（以小數形式表示）。法定準備率是指商業銀行必須將其存款的一定比例保留作爲準備金，而不得用於發放貸款或進行其他投資的比率。

貨幣乘數的含義：

1. 如果法定準備率是 10%，則貨幣乘數是 10。這意味著每增加 1 單位的中央銀行貨幣，最終貨幣供應量可以增加 10 單位。
2. 貨幣乘數反映了銀行系統信用創造的能力。準備率愈低，銀行可以用於放貸的存款比例愈高，貨幣乘數愈大，信用創造的能力愈強。

　　貨幣乘數的實際效果還受到其他因素的影響，包括：

1. 超額準備金：商業銀行可能出於謹慎考慮，保留超過法定要求的準備金，這會降低貨幣乘數的實際值。
2. 貨幣需求：公衆對現金的需求量會影響銀行系統內部的貨幣流通和存款量，進而影響貨幣乘數的大小。
3. 中央銀行政策：中央銀行通過貨幣政策工具，如開放市場操作、貼現率調整等，間接影響貨幣乘數的效力。

強力貨幣（High Powered Money）或稱爲貨幣基數（Monetary Base），指的是中央銀行創造的貨幣，這包括銀行體系內的準備金（包括銀行在中央銀行的存款）和流通中的現金（即公眾手中的現金）。這種貨幣因其在貨幣供應過程中的關鍵作用而被稱爲強力貨幣。由於商業銀行的貸款和存款創造活動均基於保有的準備金，因此強力貨幣是影響整個經濟中貨幣供應量的基礎。

強力貨幣的組成：

1. 銀行準備金：包括商業銀行在中央銀行的存款，這部分準備金可用於滿足客戶的提款需求和滿足法定準備金要求。
2. 流通中的現金：包括公眾手中的紙幣和硬幣。

強力貨幣的功能：

1. 信用創造的基礎：強力貨幣是商業銀行通過存款和貸款操作進行信用創造的基礎。銀行準備金的大小直接影響到商業銀行貸款能力的大小。
2. 貨幣政策的工具：中央銀行通過調節強力貨幣的量來實施貨幣政策，從而影響經濟中的利率、通膨和經濟增長等。

強力貨幣是維護金融穩定和實施有效貨幣政策的關鍵要素。它直接影響到銀行體系的貸款能力，進而影響到整個經濟的貨幣供應量和經濟活動。通過精確的貨幣政策操作，中央銀行能夠有效地控制通膨，促進經濟增長，維持金融市場的穩定。

強力貨幣 ＝ 銀行準備金 ＋ 流通中的現金

▌ 圖 3-15：強力貨幣的組成

通貨膨脹

通貨膨脹（Inflation）是指一般物價水準在一段時間內持續上升的經濟現象，表現為貨幣的購買力下降。通貨膨脹影響著經濟體系中的各個層面，包括消費者的購買力、企業的成本和收益、政府的財政政策和國際貿易。根據引起通貨膨脹的原因，可以將通貨膨脹分為成本推動型（Cost-Push Inflation）和需求拉動型（Demand-Pull Inflation）兩種。

▼ 表 3-4：通貨膨脹類型比較

	成本推動型通貨膨脹	需求拉動型通貨膨脹
定義	由於生產成本（如原材料價格、勞動力成本）上升，導致供應成本增加。	當經濟中的總需求（包括消費需求、投資需求、政府支出和淨出口）超過總供給（即生產能力）時，引發物價上漲。
特徵	原材料價格連續上升（如石油危機）或勞動力成本上升的情況。	發生在經濟快速增長期，當市場上的購買力強勁，但生產能力未能相應增加以滿足增長的需求時。
原因	成本上升迫使生產者提高商品和服務的售價以維持利潤率。	由於貨幣政策過於寬鬆、政府支出增加、出口增長或投資熱潮引起。

通貨膨脹的衡量：

1. 消費者物價指數（CPI）：衡量消費者一籃子消費品和服務的價格變動，是最常用來衡量通貨膨脹的指標。
2. 生產者物價指數（PPI）：反映生產階段商品價格的變動，可視為通貨膨脹的預兆指標。

通貨膨脹的影響：

1. 負面影響：降低消費者購買力、增加企業成本、引起所得重分配問題、可能導致經濟波動加劇。

▌圖 3-16：汽油愈來愈貴，物價愈來愈貴，是通貨膨脹的現象。

2. 正面影響：在某些情況下，溫和的通貨膨脹可刺激經濟增長，鼓勵投資和消費。

106 年指考「公民與社會」

　　從經濟分析的觀點，關於兩岸經貿互動對臺灣的可能影響，下列敘述何者正確？

(A) 因臺灣產業外移至中國大陸投資而失業且轉業困難者，屬於循環性失業

(B) 隨外資湧入中國大陸致使工資、租金提高，將會同時帶動臺灣物價上揚

(C) 國際油價因中國大陸石油需求提高而上漲，讓臺灣面對輸入型通貨膨脹問題

(D) 臺灣股價與中國大陸股票市場股價指數的連動提高，此現象屬非系統性風險

※ 標準答案：(C)

解析：

(A) 屬於結構性失業。

(B) 中國大陸工資提高，臺灣自中國大陸進口的商品價格將會提高，但不會直接造成臺灣物價上揚。

(C) 國際油價上漲，臺灣會有輸入型通貨膨脹問題。

(D) 屬於系統性風險。

　　下表為 2013 年至 2016 年間，某國的消費者物價指數（CPI）以及個人名目所得的變化情形。根據表中資料判斷，該國各年度通貨膨脹率的比較，下列敘述何者正確？

年度	CPI	個人名目所得（萬元）
2013	100	210
2014	110	220
2015	120	250
2016	130	260

(A) 2015 年的通貨膨脹率比 2014 年的高

(B) 2014 年的通貨膨脹率比 2016 年的高

(C) 2016 年的通貨膨脹率高於其他年度

(D) 2015 年的通貨膨脹率低於其他年度

※ 標準答案：(B)

解析：

年度	CPI	通貨膨脹率（%）	個人名目所得（萬元）
2013	100		210
2014	110	10	220
2015	120	9	250
2016	130	8.3	260

根據該表，下列是有關各年度個人實質所得的比較，何者正確？

(A) 2016 年個人實質所得高於 2015 年

(B) 2014 年個人實質所得高於 2016 年

(C) 2013 年個人實質所得高於其他年度

(D) 2015 年個人實質所得低於其他年度

※ 標準答案：(C)

解析：

實質所得＝（個人名目所得 ÷ CPI）× 100

年度	CPI	實質所得	個人名目所得（萬元）
2013	100	210	210
2014	110	200	220
2015	120	208	250
2016	130	200	260

110 年指考「公民與社會」

　　某甲將 100 萬元投資於購買股票，一年後賣出獲得 110 萬元。在這一年裡，消費者物價指數由 100 上升至 104，而存款利率皆維持在 3% 的水準。依據題文資訊，判斷下列敘述何者正確？

(A) 實質利率高於通貨膨脹率

(B) 實質利率高於投資股票的實質報酬率

(C) 投資股票的實質報酬率高於存款利率

(D) 通貨膨脹率高於投資股票的名目報酬率

※　標準答案：(C)

解析：

1.　通貨膨脹率＝ (104 - 100) / 100 ＝ 4%；

2.　投資股票一年的名目報酬率＝ (110 萬－ 100 萬) / 100 萬＝ 10%；

3.　投資股票一年的實質報酬率＝名目報酬率－通貨膨脹率＝ 10% － 4% ＝ 6%；

4.　存款利率為 3%。

　　因此，投資股票的實質報酬率 6% 高於存款利率 3%，滿足選項 (C)。

3-15 惡性通貨膨脹

惡性通貨膨脹（Hyper Inflation）是指一個國家或地區極度和失控的通貨膨脹現象，其特徵是物價水準迅速地上升，通常伴隨著貨幣大幅度貶值。在惡性通貨膨脹期間，貨幣的購買力迅速下降，導致人們對貨幣失去信心，並嘗試儘快將手中的貨幣轉換成實物資產或更穩定的外幣，以避免財富縮水。

惡性通貨膨脹的特徵：

1. 極高的通貨膨脹率：惡性通貨膨脹的月通貨膨脹率非常高。
2. 貨幣迅速貶值：在極短的時間內，國家貨幣對於購買基本商品和服務的能力急劇下降。
3. 貨幣失去信心：人們失去對持有本國貨幣的信心，轉而持有實物資產（如房產、黃金）或外幣。
4. 經濟混亂：惡性通貨膨脹導致經濟活動混亂，影響社會穩定和經濟發展。

惡性通貨膨脹可能由多種因素引起，包括但不限於：

1. 過度印鈔：政府為了應對巨額財政赤字而大量印發貨幣，導致貨幣供應激增。
2. 需求拉動型通貨膨脹：經濟需求遠遠超過供應能力，導致物價上漲。
3. 成本推動型通貨膨脹：原材料和勞動力成本的大幅上漲推高了生產成本，進而推高了物價。
4. 政治不穩定和經濟政策失誤：政治動盪或經濟政策的不確定性和失誤也可能引發市場恐慌和貨幣信心的喪失。

惡性通貨膨脹對經濟和社會帶來深遠的負面影響，包括生活成本急劇上升、儲蓄價值縮水、經濟活動受阻和社會不穩定等。處理惡性通貨膨脹需要採取強有力的貨幣和財政政策，包括加強貨幣政策的約束、改革財政政策、恢復政治穩定和增強市場對貨幣的信心。

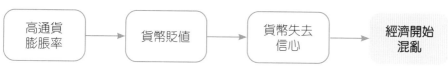

圖 3-17：惡性通貨膨脹的過程

3-16 通貨緊縮

通貨緊縮（Deflation）是指一段時間內總體物價水準持續下降的經濟現象。這種現象與通貨膨脹相對，表現為貨幣的購買力上升。雖然消費者短期內可能會因為物價下降而受益，但長期來看，通貨緊縮可能對經濟產生負面影響，包括消費和投資的減少、生產縮減、企業利潤下降，以及失業率上升等。

通貨緊縮的特點：

1. 物價下降：物品和服務的價格持續下跌。
2. 貨幣購買力增加：隨著物價下降，相同數量的貨幣能夠購買更多的商品和服務。
3. 預期心理：消費者和投資者預期物價將進一步下降，推遲了消費和投資決策，這反過來又進一步加劇了物價下跌的趨勢。

通貨緊縮的原因：

1. 需求不足：經濟衰退期間，消費者和企業的需求下降，導致供過於求，物價下降。
2. 供給過剩：生產效率提高或生產成本下降，導致市場上商品供給增加，而需求未能相應增加，也可能引起物價下降。
3. 貨幣政策：中央銀行採取緊縮貨幣政策，減少市場上的貨幣供應，也可能引起通貨緊縮。

通貨緊縮的影響：

1. 消費和投資減少：預期物價將進一步下降使得消費者和企業推遲消費和投資，導致經濟活動減緩。
2. 債務負擔加重：在通貨緊縮環境中，實際債務負擔加重，因為未來償還債務時所需的貨幣購買力增加。
3. 企業利潤下降和失業增加：需求下降導致銷售減少和產量削減，企業利潤減少，可能導致裁員和失業率上升。

對抗通貨緊縮的策略包括實施寬鬆的貨幣政策來增加市場上的貨幣供應，以及採取擴張性的財政政策來刺激經濟需求。此外，改善消費者和企業的信心，鼓勵消費和投資也是應對通貨緊縮的重要手段。

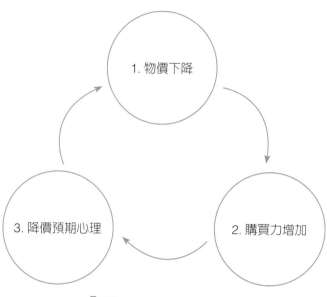

圖 3-18：通貨緊縮的流程

107 年指考「公民與社會」

　　某國股市和房市泡沫破滅後出現下列現象：資產價格崩跌，房地產與股票財富大幅縮水；某些銀行不良債權遽升，出現存款擠兌風潮，連帶使其他沒有不良債權的銀行倒閉；民眾為減輕債務負擔，不敢擴大消費而使民間需求轉弱；因民間需求不足，連續數年物價上漲率出現負成長，發生「通貨緊縮」。

　　該國此一時期最有可能出現下列何種現象？

(A) 重貼現率提高

(B) 個人所得增加

(C) 平均生活成本提高

(D) 政府支出增加

※ 標準答案：(D)

解析：

(A) 通貨緊縮時，貨幣政策會寬鬆，重貼現率會降低，擴大貨幣供給。

(B) 通貨緊縮時代表總體需求會下降，失業率會上升，個人所得通常會下降。

(C) 通貨緊縮時物價普遍會下降，生活成本會下降。

(D) 政府支出增加為財政政策，通貨緊縮時政府會擴大支出，為經濟點火。

110 年指考「公民與社會」

　　下圖為某國 2003 年第一季至 2012 年第四季的通貨膨脹率走勢變化，下列哪一段期間，該國央行最可能以調降存款準備率政策因應當時的物價問題？

(A) 2004 年　　(B)2008 年　　(C)2009 年　　(D)2011 年

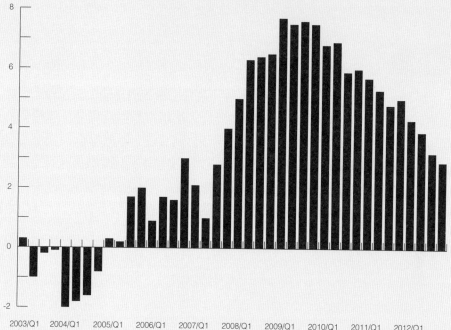

標準答案：(A)

解析：

　　通貨緊縮為一段時間連續的 CPI 年增率負成長，按圖分析，2004 年 Q1 到 Q4 的 CPI 年增率為負值。

111 年分科「公民與社會」

　　俄烏戰爭發生後，俄羅斯面對西方國家經濟制裁，盧布一度大幅貶值。俄國央行在今年 2 月底調升利率，由原本的 9.5% 一口氣調升至 20%。下列何者最能解釋俄國央行所採取之政策原理及目的？

(A) 實施寬鬆的貨幣政策，以滿足民眾的現金需求

(B) 設定利率的價格下限，解決市場現金短缺問題

(C) 利率上升增加可貸資金，以刺激廠商投資意願

(D) 利率上升減少貨幣供給，以求維持穩定的物價

※ 標準答案：(D)

解析：

　　俄羅斯在面臨西方經濟制裁後，盧布貨幣貶值，通貨膨脹壓力升高。為了維持物價穩定，俄羅斯央行採取緊縮性貨幣政策，大幅調高基準利率至20%。

» 提高利率可以達到以下效果：
1. 降低貨幣供給量：當利率上升，銀行貸款成本增加，貸款意願降低，貨幣供給量隨之減少。
2. 抑制通貨膨脹：貨幣供給量減少，將降低整體社會購買力，從而抑制需求拉動型通貨膨脹。
3. 支撐貨幣匯率：較高利率可吸引國外資金流入，增加對盧布的需求，有助於穩定盧布匯率。

　　因此，俄羅斯央行大幅調升利率，主要是為了通過減少貨幣供給，來抑制貶值導致的通貨膨脹壓力，維持物價水平穩定。其他選項解釋如下：

(A) 錯誤。提高利率會抑制貨幣供給，與滿足民眾現金需求無關。
(B) 錯誤。利率上調旨在減少貨幣供給，而非解決現金短缺問題。
(C) 錯誤。利率上升會抑制廠商貸款投資，與刺激投資意願背道而馳。
(D) 正確。

3-17 通貨緊縮螺旋

通貨緊縮螺旋（Deflationary Spiral）是一種經濟衰退的惡性循環，由持續的物價下跌引發，進而導致經濟活動大幅萎縮。這種情況下，預期物價進一步下降會導致消費者延遲購買，期望以更低的價格購入商品和服務。這種延遲消費的行為進一步減少了企業的收入，迫使它們降低成本，通常是通過裁員或降低工資來實現。

通貨緊縮螺旋的主要特點和後果：

1. 物價持續下跌：由於供大於求或貨幣供應縮減，物品和服務的價格持續下降。

2. 消費和投資延遲：消費者和企業期待未來價格會更低，因此延遲消費和投資，這進一步降低了經濟需求。

3. 企業收入減少：隨著銷售量下降和價格下降，企業收入減少，獲利能力下降。

4. 就業和工資下降：為了降低成本，企業可能會裁員或降低工資，導致失業率上升和家庭收入減少。

5. 債務負擔加重：在通貨緊縮期間，貨幣的實際價值上升，使得以固定金額償還的債務負擔相對增加。

6. 經濟活動縮減：由於消費和投資的減少，整體經濟活動減緩，可能導致經濟衰退。

圖 3-19：通貨緊縮螺旋的程序

　　對抗通貨緊縮螺旋的關鍵在於恢復消費者和企業的信心，以及刺激經濟需求。可能的措施包括：

1. 寬鬆貨幣政策：中央銀行可以降低利率或通過量化寬鬆等方式增加貨幣供應，以鼓勵借貸和投資。

2. 擴張性財政政策：政府可以增加公共支出或降低稅收，以直接增加需求。

3. 減輕債務負擔：通過債務重組或提供債務救助，幫助企業和家庭減輕債務負擔，恢復消費和投資能力。

4. 有效應對通貨緊縮螺旋需要政府和中央銀行的積極介入和協調行動，以防止經濟進一步衰退並穩定經濟增長。

高中高職經濟學圖解速成：學測、分科不求人

194

停滯性通貨膨脹

停滯性通貨膨脹（Stagflation）是一種罕見但極具挑戰性的經濟現象，它結合了停滯（Stagnation）和通貨膨脹（Inflation）兩種看似相互矛盾的經濟條件。這種情況下，一國或地區面臨同時出現高通貨膨脹率、經濟增長緩慢或停滯不前，以及高失業率的困境。

停滯性通貨膨脹的特徵：

1. 高通貨膨脹：物價持續上漲，導致生活成本增加，貨幣購買力下降。
2. 經濟增長停滯：GDP 成長率低或為負值，表明經濟活動緩慢或無增長。
3. 高失業率：經濟成長緩慢導致企業擴張受限，新的就業機會減少，使得失業率居高不下。

停滯性通貨膨脹可能由多種因素引起，包括但不限於：

1. 供給面衝擊：如原油價格上升等原材料成本大幅上升，導致生產成本增加，物價上漲。
2. 需求管理政策失誤：過於寬鬆的貨幣政策可能導致過多的貨幣流通於市場上，引起通貨膨脹；而過於緊縮的財政政策可能抑制經濟增長。
3. 結構性問題：勞動市場僵化、產業結構調整不順利等，可能同時導致失業和成本推動型通貨膨脹。

面對停滯性通貨膨脹，政策制定者處於兩難之中：採取緊縮貨幣政策以對抗通貨膨脹，可能進一步抑制經濟增長和增加失業率；而刺激經濟的財政政策則可能加劇通貨膨脹。因此，有效應對停滯性通貨膨脹通常需要一套綜合政策，包括結構性改革來增加市場靈活性、提高產能，以及精準的貨幣政策和財政政策以平衡經濟增長和物價穩定之間的關係。

在 1973 及 1974 年，因中東戰爭影響，世界各國物價受到石油價格上漲的壓力而大幅躍升，廠商在無法即時調整、適時適應之下，進入衰退期，失業率大幅提高。美國 1970 年代歷經失業率、物價年增率高達兩位數，即為停滯性通貨膨脹。

由下圖來看，我國經濟成長率與物價年增率之間大致上是同向關係，在經濟成長率為負的時候，物價也是負成長，處於短期的通貨緊縮。寬鬆一點

認定，只有在2008年（民國97年）在全球金融海嘯時，CPI年增率為3.54%，而經濟成長率為0.8%，以及2024年（民國113年）全球性的通貨膨脹時，CPI年增率為2.49%，經濟成長率為1.31%，這兩年可能觸及停滯性通膨的現象。

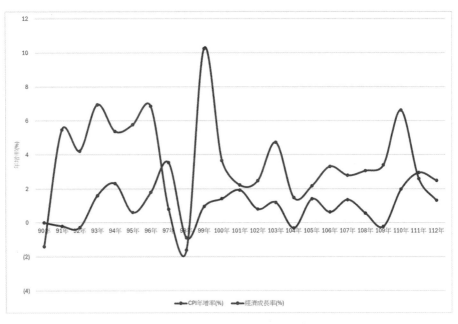

高中高職經濟學圖解速成：學測、分科不求人

196

▌圖 3-20：臺灣 GDP 成長率與物價年增率比較圖
　　資料來源：行政院主計總處

3-19 泡沫經濟

泡沫經濟（Economic Bubble）是一種市場現象，其中某類資產的價格遠遠超過其實際價值，主要由過度投機行為所驅動。當泡沫經濟發生時，資產價格的上漲不是基於其基本面的強勁表現（如公司盈利、產品需求等），而是因為投資者相信價格會繼續上漲而買入這些資產，期待能夠賣給更願意支付更高價格的其他投資者。

泡沫經濟的特點：

1. 價格脫離實際價值：資產價格的增長超出了其基本面的合理估值。
2. 投機活動：市場參與者更多基於短期利益和跟風心理投資，而非長期價值。
3. 泡沫破裂：當市場認識到價格過高時，泡沫經濟會迅速破裂，導致價格暴跌。

泡沫經濟的影響：

1. 財富損失：泡沫破裂後，資產價格迅速下跌，對於持有這些資產的投資者來說，意味著重大的財富損失。
2. 經濟衝擊：泡沫經濟的破裂可能會導致廣泛的經濟和金融市場動盪，影響實體經濟。
3. 信心損失：泡沫破裂後，市場信心受損，可能影響消費者支出和投資決策，進一步抑制經濟活動。

歷史上的泡沫經濟：

1. 鬱金香狂熱：637 年從鄂圖曼土耳其引進的鬱金香球根在荷蘭引起大眾搶購，導致價格瘋狂飆高，然而在泡沫化過後，價格僅剩下高峰時的百分之一。
2. 南海泡沫：18 世紀初英國的南海公司股價經歷的快速上漲和崩潰。
3. 網路泡沫：1990 年代末至 2000 年初，以科技和網路科技公司為中心的股票市場泡沫。

圖 3-21：鬱金香狂熱，637 年從鄂圖曼土耳其引進的鬱金香球根在荷蘭引起大眾搶購，導致價格瘋狂飆高，然而在泡沫化過後，價格僅剩下高峰時的 1%。

有效需求原理

凱因斯（John Maynard Keynes）提出的有效需求原理（Principle of Effective Demand），這一理論爲後來的總體經濟政策提供了理論基礎。凱因斯認爲，經濟中的生產和就業水準由有效需求決定，即經濟體對商品和勞務的總需求量。當有效需求不足時，將導致生產過剩、失業增加，因此在經濟衰退期間，需要透過政府的積極介入來提升需求，從而恢復經濟繁榮。

1. 需求總量函數：需求總量函數描述了在一定就業水準下，預期可實現的銷售收入。凱因斯認爲，當就業水準提高時，意味著產出增加，從而預期的銷售收入也會提高。需求總量不僅包括消費需求，還包括投資需求、政府支出和淨出口等。

圖 3-22：有效需求的示意圖，政府透過灑下金幣雨或使用巨大注射器注入經濟活力，象徵著在凱因斯經濟理論指導下的經濟逐步恢復。

2. 供給總量函數：供給總量函數反映了在一定就業水準下，廠商爲了誘發該就業水準所期望的最低收入（成本加上正常利潤）。隨著就業量的增加，誘發這一就業量所需的最低收入也會提高，因爲需要支付更多的勞動和其他生產成本。

有效需求原理的核心在於達到需求總量與供給總量之間的均衡。當市場預期收入（即需求總量）高於最低收入（即供給總量），廠商將增加生產和僱用，直到預期收入與最低收入相等，這一點即爲經濟均衡點。在此均衡點上，市場上的商品能夠完全銷售，不會有生產過剩的問題，同時也實現了就業的最大化。

凱因斯的有效需求原理強調，在經濟衰退或低迷時期，由於私人部門的需求不足，政府應通過增加公共支出、降低稅收和調整貨幣政策等手段，來提高總需求，刺激經濟增長和就業。這一思想對後來的經濟政策制定產生了深遠影響，是許多國家宏觀經濟政策制定的理論基礎。

3-21 消費函數

消費函數（Consumption Function）指的是民間消費，以及決定民間消費因素之間的關係。這個理論認為，影響民間消費最大的因素就是支配所得以及利率、工資、物價等因素，在最簡單的消費函數中，就是指「可支配所得」。

「消費函數」的公式表示如下：

$$C = C_a + _cY_d, C_a > 0, 0 < c < 1$$

1. C 是總消費支出。
2. C_a 是自發性消費（Autonomous Consumption），即使可支配所得為零時仍會發生的消費水準，這反映了家庭基於基本生活需求而進行的消費，如食物、住宿等。
3. c 是邊際消費傾向（Marginal Propensity to Consume, MPC），表示可支配所得每增加一單位時，消費支出增加的比率。
4. Y_d 是可支配所得，即家庭收入扣除稅收和必要的非自願性支出後的餘額。

消費函數對於制定經濟政策有重要的意義。理解消費與所得之間的關係有助於政府設計刺激經濟增長的措施。例如：如果政府希望增加總需求來促進經濟，它可以通過減稅或增加公共支出來增加家庭的可支配所得，從而刺激消費。

2008 年經建會因應全球金融風暴衝擊，用以提振國內的消費動能，提出了「振興經濟消費券」（以下簡稱消費券），於 2009 年發放給全國人民的消費專用券，每人為新臺幣 3,600 元。理論上，消費券的政策旨在刺激經濟消費，透過發放消費券增加家庭的可支配所得，從而增加消費。這類政策直接影響消費函數中的可支配所得 Y_d，使其增加。於是，假定當家庭的可支配所得增加時，根據消費函數，消費支出也會相應增加，尤其是在邊際消費傾向（MPC）大於 0 的情況下。

例如：假設每個家庭因消費券政策額外獲得 3,600 元臺幣的可支配所得，若該家庭的 MPC 為 0.8，則預期該家庭因消費券而增加的消費支出為 2,880 元臺幣（3,600 × 0.8）。這額外的消費支出將流入經濟體系，刺激需求，進而促進經濟活動。但實際上，大部分的消費券只是替代了日常支出，透過民眾的邊際消費，總消費支出被政府高估。

3-22 邊際消費傾向與邊際儲蓄傾向

高中高職經濟學圖解速成：學測、分科不求人

200

　　邊際消費傾向（Marginal Propensity to Consume, MPC）衡量當個人或家庭的可支配所得增加時，用於消費的額外所得部分的比率。MPC 是研究家庭消費行為和預測整體經濟消費趨勢的關鍵指標。

　　數學上，MPC 可以表示為消費變動（$\triangle$C）對可支配所得變動（$\triangle$Yd）的比率：

MPC = $\triangle$C/$\triangle$Yd

1. $\triangle$C 是消費的變動量。
2. $\triangle$Yd 是可支配所得的變動量。

特性：

1. 範圍：MPC 的值範圍在 0 到 1 之間。當 MPC 等於 0 時，表示所得增加不會引起消費增加；當 MPC 等於 1 時，表示所得增加全部用於消費。
2. 影響因素：MPC 受到多種因素影響，包括人們的預期、利率、財富水準、稅收政策等。
3. 經濟政策的重要性：瞭解 MPC 對於制定有效的財政和貨幣政策至關重要，因為它影響了經濟刺激措施（如減稅和增加政府支出）對消費和經濟增長的影響。

　　在總體經濟學中，MPC 被用於建立消費函數模型，從而分析和預測整體經濟活動。例如：凱因斯經濟學理論中強調，高邊際消費傾向有助於加強政府支出或減稅對經濟活動的倍增效果（即財政政策的乘數效應）。

　　假設小明是一位上班族，他這個月獲得了一次性的獎金 100 元。在接到這筆額外的收入後，小明決定將其中的 49 元用來購買新的書籍和電影票，剩下的 51 元則存入銀行。在這個例子中，小明的邊際消費傾向（MPC）就是 0.49，這表示小明每額外獲得 100 元的收入，就會有 49 元額外用於消費。

　　這個概念在經濟學中非常重要，因為它幫助經濟學家理解收入變化對消費行為的影響，進而預測經濟活動的變化。MPC 還與乘數效應（Multiplier Effect）密切相關，這是因為在一定條件下，收入的初次增加會通過消費的增加而多次循環影響經濟，從而產生比最初的收入增加更大的總體經濟活動。

邊際儲蓄傾向（Marginal Propensity to Save, MPS）是指當個人或家庭的可支配所得增加時，用於儲蓄的額外所得部分的比率。它是經濟學中用來衡量所得增加時儲蓄行為變化的一個重要指標。

數學上，MPS 可以表示為儲蓄變動（$\triangle S$）對可支配所得變動（$\triangle Yd$）的比率：

MPS = $\triangle S / \triangle Yd$

1. $\triangle S$ 是儲蓄的變動量。
2. $\triangle Yd$ 是可支配所得的變動量。

特性：

1. 範圍：MPS 的值範圍在 0 到 1。當 MPS 等於 0 時，表示所得增加不會引起儲蓄增加；當 MPS 等於 1 時，表示所得增加全部用於儲蓄。
2. 與 MPC 的關係：MPC 和 MPS 之和等於 1，即 MPC + MPS = 1。這表明額外所得的每一單位都會被分配到消費和儲蓄之中。
3. 影響因素：MPS 受到收入水準、利率、未來預期、財富和信心等因素的影響。

假設李小姐在某月收到了一筆額外的 100 元獎金。考慮到未來可能的需要，她決定將其中的 51 元加入她的儲蓄帳戶，以備不時之需，而其餘的 49 元則用於當月的額外支出，如外出用餐或購買新衣。在這個例子中，李小姐的邊際儲蓄傾向 MPS 為 0.51，這意味著她每增加 100 元的收入，就會有 51 元被額外用於儲蓄。

高 MPS 可能表明消費者傾向於更多地儲蓄而不是消費，這可能對經濟增長產生緩和作用，因為較少的資金被用於消費性支出。相反，低 MPS 意味著消費者傾向於將增加的收入用於消費，這可能會促進經濟活動和增長。

乘數效果

乘數效果（Multiplier Effect）解釋了一個經濟體中，初始投資或支出如何通過消費和儲蓄的循環作用產生遠超過其初始數額的總體經濟影響。

乘數效果的大小取決於邊際消費傾向（MPC）或邊際儲蓄傾向（MPS）。乘數（Multiplier）的數學表示為 $K = \dfrac{1}{1-MPC}$ 或者 $K = \dfrac{1}{MPS}$，這裡的 K 代表乘數。例如：如果 MPC 是 0.8，這意味著每增加一單位的可支配所得，消費將增加 0.8 單位，此時 K = 5。乘數效果在解釋政府支出、投資或任何形式的初始支出如何影響經濟總產出方面非常有用。特別是在經濟衰退時期，政府可以通過增加支出來刺激經濟，希望透過乘數效果放大這些支出的經濟影響。

然而，乘數效果的實際作用也受到多種因素的限制，包括：

1. 外洩效應（Leakages）：如進口增加，導致部分支出流向國外，減少了乘數效果的大小。
2. 融資成本：政府增加支出可能需要通過借款來取得資金，這可能會導致利率上升，抑制投資和消費。
3. 產能限制：在接近全產能時，增加支出可能會導致通貨膨脹而非產出增加。
4. 預期與信心：消費者和企業的預期也會影響他們對增加所得的反應。

因此，雖然乘數效果提供了政府支出或投資增加對經濟產出潛在影響的理論基礎，但其實際效果需要考慮經濟環境、政策設計以及其他宏觀經濟因素。此外，乘數效果的大小在不同經濟體、不同時間和不同政策環境中都可能有所不同。

乘數效應是一種倍數的觀點，當 MPC 愈大則乘數效果愈大，但問題在此，簡單凱因斯定理是假定封閉體系的經濟體，世界上除了集權國家之外，沒有一個國家是封閉式經濟體，所以不能單單用理論解釋實際。

■ 圖 3-23：乘數效果限制因素

3-24 財政赤字

　　財政赤字（Budget Deficit）是指在特定會計年度內，政府的總支出超過其總稅收的情況，導致預算出現負數。這是一種常見的經濟現象，特別是在需要重大公共投資或面臨經濟下行壓力時，政府可能會刻意選擇運行財政赤字，以刺激經濟增長或提供公共服務。

財政赤字的影響：

1. 短期內刺激經濟：透過增加政府支出，可以在經濟放緩時刺激需求，幫助經濟避免更深的衰退。
2. 長期債務累積：持續的財政赤字會導致國家債務增加，未來可能需要透過提高稅收或削減支出來平衡預算。
3. 可能增加借貸成本：大量發行國債可能會導致利率上升，增加政府的財政負擔。
4. 影響國際信用評級：長期財政赤字和高債務水準可能會影響國家的信用評級，進而影響其借貸成本和投資流入。

　　下圖表示美國聯邦政府的預算盈餘情況反映了財政赤字的普遍性和持續性，美國作爲世界最大經濟體，聯邦政府的預算盈餘，大部分都是赤字。

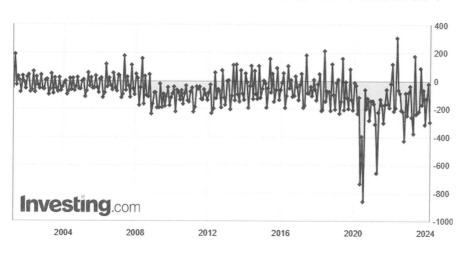

■ 圖 3-24：美國聯邦政府預算盈餘
資料來源：www.Investing.com

擠出效應

　　擠出效應（Crowding Out Effect）指當政府增加支出以刺激經濟活動，但卻間接導致了民間投資的減少。這種情況主要發生在政府通過借款來資助其增加的支出，從而增加了市場上的借貸需求，導致利率上升。利率的上升增加了借貸成本，抑制了民間部門的投資意願和能力。

擠出效應的主要原因：

1. 政府借貸增加：為了資金增加的支出，政府可能需要在金融市場上增加借款，從而提高了整體的借貸需求。

2. 利率上升：借貸需求的增加會導致利率上升，因為借款成本與利率直接相關。

3. 投資成本增加：利率的上升使得企業和個人的借貸成本增加，這可能會減少他們進行新的投資或擴張業務的意願。

擠出效應的影響：

1. 民間投資減少：由於借貸成本的增加，企業可能會延遲或取消投資計畫，這會減少經濟中的總體投資水準。

2. 經濟增長放緩：長期來看，民間投資的減少可能會對經濟增長產生負面影響，因為投資是推動生產力提升和創造就業機會的關鍵因素。

3. 公共投資的有效性降低：在某些情況下，政府支出的刺激效果可能因為民間投資的減少而被部分或全部抵消，減少了財政政策的整體效果。

圖 3-25：隨著利率上升，一位企業主在銀行看到提高後的利率 (rising interest rates) 時重新考慮了借錢購買機器的決定，並在失望或猶豫中搖頭離開，顯示出在這些條件下他們不願意借款。

　　為了減輕擠出效應，政府可以採取多種措施，如提高稅收以資助其支出（而不是增加借貸）、促進儲蓄以擴大資金供應、或通過貨幣政策來調整利率水準。然而，每種方法都有其潛在的侷限性和副作用，需要謹慎考慮和執行。

IS-LM 模型

IS-LM 模型（IS-LM Model）是總體經濟學中用於分析利率和國民收入（或產出）在貨幣市場和商品市場均衡條件下的決定。這個模型由英國經濟學家約翰·希克斯（John R. Hicks）在 1937 年提出，旨在將凱因斯（John Maynard Keynes）的《就業、利息和貨幣通論》中的理論形式化。

IS 曲線：

1. 定義：IS 曲線（Investment-Saving Curve）表示商品市場上投資 (I) 等於儲蓄 (S) 的所有可能的收入和利率組合。
2. 斜率：IS 曲線向下傾斜，表示當利率下降時，投資增加導致國民收入（或產出）上升。
3. 位移：政府支出的增加或稅收的減少會導致 IS 曲線向右移動，反映在相同的利率下，國民收入會增加。

LM 曲線：

1. 定義：LM 曲線（Liquidity Preference-Money Supply Curve）表示貨幣市場上貨幣需求 (L) 等於貨幣供給 (M) 的所有可能的收入和利率組合。
2. 斜率：LM 曲線向上傾斜，表示當國民收入（或產出）增加時，對貨幣的需求增加，導致利率上升。
3. 位移：中央銀行增加貨幣供應會導致 LM 曲線向右移動，反映在相同的收入下，利率會下降。

IS-LM 模型的均衡：

1. 交點：IS 曲線和 LM 曲線的交點代表同時滿足商品市場和貨幣市場均衡的（或產出）和利率。
2. 經濟政策分析：IS-LM 模型可以用來分析財政政策（如政府支出和稅收）和貨幣政策（如貨幣供應變化）對經濟的影響。

重要性和限制：

1. 重要性：IS-LM 模型為理解總體經濟政策的效果、經濟循環和利率決定提供了一個有力的分析工具。

PART 3 總體經濟學

205

2. 限制：雖然 IS-LM 模型是一個強大的分析框架，但它有其侷限性，例如：假設價格水準固定，忽略了國際貿易的影響，並假設貨幣市場和商品市場之間的獨立性。

　　IS-LM 模型的提出，豐富了凱因斯經濟學的分析框架，使之更加完整和形式化，對後來的總體經濟學研究和政策制定產生了深遠的影響。

　　IS-LM 的交點決定了均衡所得與均衡利率，如圖中的 e，決定了均衡產出 Y* 與均衡利率 i*。

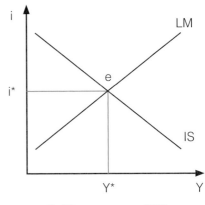

▌ 圖 3-26：IS-LM 模型

流動性陷阱（Liquidity Trap）是一種特殊的經濟情況，其中人們對於持有現金的偏好極高，以至於即使利率降至非常低的水準，經濟中的資金也不會被投入到投資或消費中。這一概念最早由凱因斯提出，後來被其他經濟學家進一步發展。

流動性陷阱的特徵：

1. 極低的利率：當中央銀行將政策利率降至接近零或非常低的水準時，人們寧願持有現金而不是購買債券或其他金融資產。
2. 貨幣政策失效：在流動性陷阱中，即使中央銀行進一步增加貨幣供應，也無法刺激經濟活動，因為人們和企業對於持有現金的偏好過於強烈。
3. 投機性貨幣需求：投機性貨幣需求變得極其彈性，意味著對現金的需求對利率變動不敏感。

在流動性陷阱的情況下，由於傳統的貨幣政策工具失效，財政政策成為刺激經濟的主要手段。政府可以通過增加公共支出、降低稅收來增加總需求，從而刺激經濟成長。

2008 年全球金融危機後的幾年中，許多發達經濟體如美國、日本和歐洲某些國家，由於面臨低利率和低通膨的環境，被認為經歷了流動性陷阱的情況。這些國家的中央銀行實施了量化寬鬆等非傳統貨幣政策，同時政府也採取了擴張性財政政策來刺激經濟。

當代經濟學家對於如何處理流動性陷阱的情況有不同的見解，一些人認為除了擴張性財政政策外，中央銀行還可以採用負利率政策或進行前瞻性指導，以期突破流動性陷阱帶來的挑戰。然而，這些策略的有效性和副作用仍是學術和政策討論的熱點。

處於流動性陷阱這時候，貨幣政策無效（即 LM_1 移至 LM_2），就必須要靠財政政策的擴張性財政支出才有效，如圖的 IS_1 移至 IS_2，這時候產出 Y（國民收入或產出）才會改變。

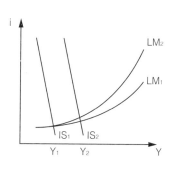

圖 3-27：流動性陷阱

　　白象（White Elephant）一詞源自於古代東南亞的傳說，擁有一頭白象被視為王權與財富的象徵，但白象同時也是一種沉重的負擔，因為它們需要巨大的照顧成本而實際上並無多大用處。因此，這一詞彙轉喻為那些成本高昂卻缺乏實際效益、無法帶來預期回報的投資或項目。

　　在現代經濟和公共政策討論中，白象工程（White Elephant Projects）常用來形容以下幾種情形：

1. 昂貴但低效的公共建設：這類項目往往動用了大量公共資源，但由於規劃不當、需求評估錯誤或是維護成本高昂，最終未能達到預期的公共利益或經濟效益。

2. 過度投資的基礎設施：在某些情況下，政府或企業可能會過度樂觀地評估一個項目的潛在需求，導致在建設時過度投資。當這些設施完成後，實際使用率遠低於預期，造成資源浪費。

3. 政策失誤導致的經濟負擔：某些白象項目可能源於政策制定者的失誤，比如過分追求政治成就而忽視項目的經濟可行性分析，最終對公共資源造成浪費。

圖 3-28：政府在建造展覽館上的巨額投資，但這個地方無人光顧，只有蚊子的情景，這就是標準的白象建設。

財政政策

財政政策（Fiscal Policy）是政府用來影響和調節國家經濟活動的主要工具之一，主要通過改變政府支出和稅收來實施。這些政策措施旨在實現如經濟增長、高就業率和穩定物價等宏觀經濟目標。

財政政策的組成：

1. 稅收政策：政府通過調整稅率（如所得稅或消費稅等）和稅基來增加或減少稅收，從而影響民間的可支配收入和消費支出。
2. 財政支出政策：政府透過增加或減少公共支出（如基礎設施投資或社會保障支出等）來直接影響經濟活動水準。
3. 預算政策：政府預算的制定和實施也是財政政策的一部分，包括決定預算盈餘、赤字或平衡預算的狀態。

財政政策的目標：

1. 刺激經濟增長：在經濟衰退期，政府可能增加支出或減稅以提高總需求，促進經濟復甦。
2. 控制通貨膨脹：在經濟過熱時，政府可能減少支出或增稅以減少總需求，從而抑制物價上漲。
3. 減少失業：透過投資公共工程和提供就業培訓計畫等方式增加就業機會。
4. 實現所得重分配：通過累進稅制和社會保障計畫減少收入和財富的不平等。

財政政策的調節手段：

1. 擴張性財政政策：透過增加政府支出和／或減稅來增加總需求，通常在經濟衰退時使用。
2. 緊縮性財政政策：透過減少政府支出和／或增稅來減少總需求，通常在經濟過熱時使用。

財政政策的有效性受到多種因素影響，包括政策的時機、規模、結構以及與其他政策（如貨幣政策）的協調程度。此外，財政政策的實施還需考慮其對國家負債水準的影響以及可能產生的擠出效應等長期影響。

擴張性財政政策	緊縮性財政政策
・ 增加政府支出和／或減稅	・ 減少政府支出和／或增稅

▌ 圖 3-29：財政政策操作工具

108 年指考「公民與社會」

　　研究顯示資本主義社會的所得分配問題會越來越嚴重，貧富差距擴大影響社會公平。假定下列各項租稅措施能有效實行，並且在其他條件均相同時，何者有助緩解上述問題？

(A) 提高商家營業稅的稅率

(B) 提高土地買賣的增值稅率

(C) 提升高所得者的綜合所得稅率

(D) 降低遺產稅的稅率

(E) 提高彩券中獎獎金的課稅門檻

※　標準答案：(B)(C)

解析：

(A) 提高商家營業稅的稅率，會降低消費需求，無助於降低所得分配問題。

(B) 提高土地買賣的增值稅率會造成土地投資的需求降低，讓房地產降溫。

(C) 提升高所得者的綜合所得稅率會有助於所得重分配。

(D) 降低遺產稅的稅率，無助於所得重分配。

(E) 提高彩券中獎獎金的課稅門檻僅會讓購買彩券的需求降低。

貨幣政策（Monetary Policy）是由中央銀行所執行的政策，目的在於通過控制貨幣供應量和利率來影響經濟活動，達到如物價穩定、促進經濟成長和降低失業率等總體經濟目標。

貨幣政策的操作工具：

1. 公開市場操作（Open Market Operations）：中央銀行買賣政府債券來調整貨幣供應量和短期利率。
2. 存款準備率（Reserve Requirement Ratios）：規定商業銀行必須在中央銀行保留的一定比例存款，以控制銀行的貨幣創造能力。
3. 重貼現率（Discount Rate）：即中央銀行向商業銀行提供資金的利率，調整此利率可以影響銀行借款成本和貨幣市場的利率水準。

貨幣政策的目標層次：

1. 操作目標：直接受到中央銀行控制的變數，如基礎貨幣供應量和短期利率。
2. 中間目標：與最終目標有一定關聯性，且受到操作目標影響的經濟變數，如廣義貨幣供應量（M_2）和信貸總量。
3. 最終目標：貨幣政策欲直接影響的總體經濟目標，如物價穩定、經濟成長和就業水準。

貨幣政策的執行與影響：

貨幣政策的實施會經由貨幣政策傳導機制影響整個經濟，包括信貸管道、利率管道、貨幣管道和預期管道等，這些管道會影響企業和家庭的消費、投資決策，從而影響經濟活動和物價水準。

貨幣政策在實施過程中會遇到多種挑戰，如全球金融市場的波動、國際資本流動的影響、國內外經濟環境的變化以及政策傳導的時滯等。中央銀行需要不斷調整其政策工具和策略，以應對這些挑戰，有效實現其總體經濟目標。

公開市場操作	存款準備率	重貼現率
• 買賣政府債券來調整貨幣供應量和短期利率	• 提高準備率：緊縮貨幣 • 調降準備率：寬鬆貨幣	• 提高重貼現率：緊縮貨幣 • 調降重貼現率：寬鬆貨幣

圖 3-30：中央銀行貨幣政策的操作工具

105 年指考「公民與社會」

　　某次中央銀行理監事聯席會議的決議指出，由於觀察到全球「經濟成長疲軟」及「金融情勢惡化」的雙重影響，因此決定實施某項政策，希望有助於整體經濟情勢穩健發展。請問該項政策最有可能是下列何者？

(A) 調高銀行的存款準備率

(B) 降低金融機構放款額度

(C) 在公開市場買入政府公債

(D) 對商業銀行調升重貼現率

※　標準答案 (C)

解析：

　　當經濟疲軟時的貨幣政策為提高貨幣供給，因此：

(A) 調高存款準備率會減少貨幣供給。

(B) 降低金融機構放款額度就是「雨天收傘」，也會減少貨幣供給。

(C) 中央銀行在公開市場買入政府公債，等於是釋出貨幣，會提高貨幣供給。

(D) 對商業銀行調升重貼現率，會讓商業銀行可貸放的貨幣減少，減少貨幣供給。

3-31　李嘉圖等值

李嘉圖等值（Ricardian Equivalence）是一種財政政策理論，由經濟學家大衛‧李嘉圖提出，並由羅伯特‧巴羅（Robert Barro）在 1970 年代進一步發展。這個理論主張，在某些假設條件下，政府是否選擇增稅或是發行債券來資助其支出，在長期看來對經濟的影響是相同的。

李嘉圖等值的基本假設：

1. 完全的資本市場：消費者可以自由地借貸，且無風險。
2. 理性預期：消費者完全理性且對未來政府稅收和支出有完全的預期。
3. 無代際轉移：消費者考慮到未來稅收的變化對其後代的影響，並將這些考慮納入當前消費和儲蓄決策中。

根據李嘉圖等值理論，當政府需要額外資金時，它可以選擇立即增稅或是發行債券（即借款）。如果消費者預期未來政府會增稅來償還債務（包括本金和利息），他們將增加儲蓄以備未來稅收增加時用於支付稅款。因此，不論是現在增稅還是未來增稅，消費者的當前消費決策將不會受影響，因為他們會調整自己的儲蓄行為來平衡消費。

雖然李嘉圖等值試圖解釋政府財政政策的長期效果，但它也受到了許多批評和質疑，主要如下表：

▼ 表 3-5：李嘉圖等值的限制

不完全的資本市場	理性預期的假設過於理想化	忽略了流動性限制	代際間的轉移並非無成本
‧借貸存在風險，且不是所有人都能夠自由借貸。	‧消費者可能無法完全預期未來的稅收和政府支出。	‧消費者無法調整其儲蓄來應對未來的稅收增加。	‧政府債務的增加可能會給未來代代相傳。

擴散指數

擴散指數（Diffusion Index, DI）是一種用來衡量一組特定經濟指標變動方向的統計方法，廣泛應用於分析和預測經濟活動的擴張或收縮趨勢。通過計算一定時期內指標上升的比例，擴散指數提供了景氣狀況的即時反映。

擴散指數的計算涉及對一組經濟指標進行監測，包括但不限於製造業訂單、庫存水準、就業情況和消費者信心等。每一個指標的變化方向（上升、不變或下降）都會被記錄並計入最終的指數計算中。擴散指數（DI）的數值介於 0-100 之間，當 DI > 50 時，通常表示景氣處於擴張期，反之則表示處於收縮期。

擴散指數被經濟分析師、投資者和政策制定者廣泛用於評估經濟活動的總體趨勢，幫助他們做出更加明智的決策。特別是在預測經濟週期的轉折點上，擴散指數提供了重要的預警信號。

臺灣常用的擴散指數是臺灣製造業採購經理人指數（Manufacturing Purchasing Managers' Index, PMI）。PMI 是一項商業活動的綜合性指標，具有領先指標的特色，PMI 以新增訂單數量、生產數量、人力僱用數量、存貨，以及供應商交貨時間等五項細項擴散指數（DI）綜合編製而成，均以 50 作為分界點，50 以上代表景氣擴張，50 以下代表景氣衰退。

以圖 3-31 所示，臺灣在 2024 年 4 月的 PMI 指數是 48.1，屬於收縮階段，各項指標除了生產數量大於 50 以外，其餘各項指標皆為收縮狀態。

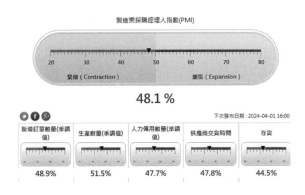

▌ 圖 3-31：臺灣製造業採購經理人指數（PMI）
資料來源：國家發展委員會

3-33 景氣循環

景氣循環（Business Cycle）反映了經濟活動在時間上的週期性波動，這些波動通常伴隨著就業、生產、銷售和收入等經濟指標的變化。景氣循環的每一階段都具有特定的經濟特徵和影響。

景氣循環的四個階段：

1. 擴張（Expansion）：這是從景氣谷底到景氣高峰的期間，特點是經濟活動增長，就業率提高，消費和投資增加，經濟產出增長。
2. 高峰（Peak）：這是擴張階段的終點，經濟達到一個高點，表現為經濟活動的過熱，可能伴隨著物價上漲（通貨膨脹）和利率升高。
3. 收縮（Contraction）：從景氣高峰至景氣谷底的過渡階段，經濟活動開始下滑，企業收入減少，就業和生產放緩，投資和消費減少。
4. 谷底（Trough）：這是收縮階段的終點，經濟活動處於最低點，但也是經濟開始復甦的起點。

景氣循環的特點：

1. 景氣循環是不可預測的，其長度、深度和強度在不同的週期中都有所不同。
2. 景氣循環的波動會受到政府政策、外部衝擊（如石油危機）、技術創新等因素的影響。
3. 雖然景氣循環具有全球性，但不同國家和地區的經濟循環可能會有所不同，這取決於其經濟結構和所處的經濟階段。

政府和中央銀行通過實施財政政策和貨幣政策來調節景氣循環，旨在緩解經濟衰退的影響，促進經濟穩定增長。例如：在經濟收縮期，政府可能會增加公共支出、降低稅收或降低利率來刺激經濟活動。

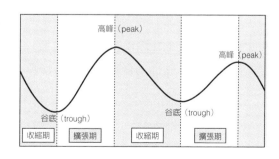

圖 3-32：景氣循環圖

3-34 悲慘指數

　　悲慘指數（Misery Index）用來衡量普通民眾可能感受到的經濟困難的程度。這個指數由美國經濟學家亞瑟‧奧肯（Arthur Okun）在 1970 年代提出。悲慘指數的計算相當簡單，就是將一國的通貨膨脹率（年增率）和失業率相加。

　　悲慘指數的背後理念是，失業率和通貨膨脹率是影響普通家庭生活水準的兩個主要因素。失業率高意味著更多的人找不到工作，通貨膨脹率高則意味著消費者購買力下降。這兩者同時升高時，表明經濟狀況不佳，民眾的生活可能會因此而受到影響。

悲慘指數的應用：

1. 經濟分析：經濟學家和政策制定者用悲慘指數作為衡量經濟健康的一種工具，以此來評估和制定相應的經濟政策。

2. 政治分析：在一些情況下，悲慘指數也被用作評估政府經濟政策成效的指標，高悲慘指數可能對執政黨不利。

3. 預測未來趨勢：某些分析師利用悲慘指數的變動趨勢來預測未來的經濟和社會情況。

　　儘管悲慘指數提供了一種量化經濟苦難的方法，但它也有一些侷限性。首先，它僅考慮了失業率和通貨膨脹率兩個因素，忽略了經濟的其他重要面向，如經濟成長率、貧富差距等。其次，不同國家的通貨膨脹率和失業率對生活品質的影響程度可能有所不同，這使得悲慘指數在跨國比較時可能會失去一些準確性。

　　下圖為我國歷年的痛苦指數，近年的最高點為民國 97 年（2008 年），當年為全球金融海嘯所影響，至民國 111 年（2022 年）COVID-19 及美中貿易戰所引起的全球性通貨膨脹，痛苦指數再度變高。

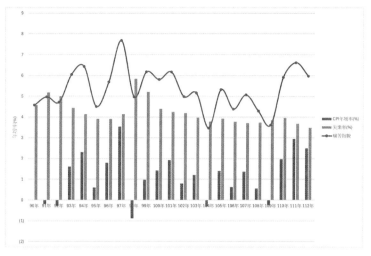

■ 圖 3-33：我國歷年痛苦指數
資料來源：行政院主計總處

　　下圖是 2019 年「彭博悲慘指數」，委內瑞拉（Venezuela）連續第四年被列為全球最悲慘經濟體。

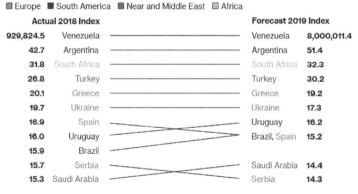

Nations with worst Bloomberg Misery Index score remain identical in 2019

■ Europe　■ South America　■ Near and Middle East　■ Africa

Actual 2018 Index		Forecast 2019 Index	
929,824.5	Venezuela	Venezuela	8,000,011.4
42.7	Argentina	Argentina	51.4
31.8	South Africa	South Africa	32.3
26.8	Turkey	Turkey	30.2
20.1	Greece	Greece	19.2
19.7	Ukraine	Ukraine	17.3
16.9	Spain	Uruguay	16.2
16.0	Uruguay	Brazil, Spain	15.2
15.9	Brazil		
15.7	Serbia	Saudi Arabia	14.4
15.3	Saudi Arabia	Serbia	14.3

Note: The Bloomberg Misery Index is calculated as the sum of a country's inflation and unemployment rates. The index compares the median estimate of economists' forecasts for each country's rates in 2019 to 2018 published data. Forecasts are as of April 11.
Sources: Bloomberg surveys, government data, IMF

■ 圖 3-34：2019 年彭博悲慘指數（最差）
資料來源：www.bloomberg.com

2019 年彭博悲慘指數中泰國（Thailand）為 2.1，為全世界最低的國家，臺灣為 4.7，優於 2018 年的 5.0，排名為第四。

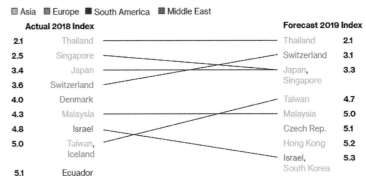

The 10 nations with the lowest Bloomberg Misery Index score in 2019

☐ Asia ■ Europe ■ South America ■ Middle East

Actual 2018 Index			Forecast 2019 Index
2.1	Thailand	Thailand	2.1
2.5	Singapore	Switzerland	3.1
3.4	Japan	Japan, Singapore	3.3
3.6	Switzerland		
4.0	Denmark	Taiwan	4.7
4.3	Malaysia	Malaysia	5.0
4.8	Israel	Czech Rep.	5.1
5.0	Taiwan, Iceland	Hong Kong	5.2
		Israel, South Korea	5.3
5.1	Ecuador		

Note: The Bloomberg Misery Index is calculated as the sum of a country's inflation and unemployment rates. The Index compares the median estimate of economists' forecasts for each country's rates in 2019 to 2018 published data. Forecasts are as of April 11.
Source: Bloomberg surveys, government data, IMF

▌圖 3-35：2019 年彭博悲慘指數（最優）
資料來源：www.bloomberg.com

高中高職經濟學圖解速成：學測、分科不求人

218

供給面經濟學與需求面經濟學

供給面經濟學（Supply Side Economics）是 1970 年代後期在美國興起的一種經濟理論，該理論強調通過降低稅率和減少政府干預來刺激經濟生產和投資，從而推動經濟增長。這一理論對 1980 年代美國經濟政策，尤其是雷根總統時期的政策，有重大影響。

主要理論觀點；

1. 稅收減免：供給面經濟學家認為，高稅率抑制了個人和企業的投資意願，進而降低了經濟生產和增長的潛力。降低所得稅和資本利得稅可以刺激投資，增加就業和生產。
2. 減少政府干預：主張政府應減少對經濟活動的干預，包括降低稅收、簡化規章和減少開支，以促進市場的自由競爭和效率。
3. 激勵因素：供給面經濟學強調經濟激勵的重要性，認為稅收減免可以提高人們工作、儲蓄和投資的積極性，從而增加經濟的整體供給。
4. 拉弗曲線：是供給面經濟學中的一個關鍵概念，由經濟學家亞瑟·拉弗提出。該曲線描繪了稅率與政府稅收之間的關係，認為存在一個最優稅率，可以最大化政府稅收和經濟增長。

供給面經濟學雖然有助於解釋稅收減免對經濟增長的潛在正面影響，但也面臨著不少批評：

1. 不平等增加：批評者認為，供給面政策主要惠及富人和大企業，可能導致收入和財富不平等加劇。
2. 赤字增加：稅收減免可能會導致政府預算赤字和國債增加，長期來看對經濟不利。
3. 效果爭議：對於稅收減免是否能有效刺激經濟增長存在爭議，一些研究和實驗表明，其正面效果可能不如理論預期的那麼明顯。

供給面經濟學

| 稅收減免 | 減少政府干預 | 經濟激勵 | 拉弗曲線 最優稅率 |

圖 3-36：供給面經濟學主要觀點

需求面經濟學（Demand Side Economics），也常被稱爲凱因斯主義（Keynesianism），是由英國經濟學家約翰·梅納德·凱因斯（John Maynard Keynes）在 1936 年發表的《就業、利息和貨幣通論》中提出的一套經濟理論。這套理論的核心思想在於，經濟活動的波動主要是由總需求的變化驅動的，因此，在面對經濟衰退和高失業率時，政府應通過增加公共支出、降低稅率和實施貨幣政策來刺激需求，進而恢復經濟增長和就業。

需求面經濟學的主要觀點：

1. 有效需求不足：凱因斯認爲，大蕭條時期的經濟衰退和大量失業主要是由於有效需求不足造成的。
2. 政府角色：政府應透過財政政策（如增加公共支出、減稅）和貨幣政策（如降低利率、增加貨幣供應）來積極介入經濟，以刺激需求、增加就業和促進經濟增長。
3. 赤字財政：在經濟衰退時期，政府應該通過增加支出和 / 或減稅來運用赤字財政政策，即使這意味著增加國家債務。
4. 反對自由放任：凱因斯主義反對經濟活動中的自由放任，認爲市場無法自我調節，尤其是在面對經濟危機時。

凱因斯的理論對 20 世紀的經濟政策產生了深遠影響，尤其是在西方國家。在許多情況下，政府採取的經濟刺激措施都基於需求面經濟學的原則。這些措施旨在通過增加政府支出、降低稅收和執行寬鬆的貨幣政策來刺激經濟活動，從而減少失業和促進經濟增長。

儘管需求面經濟學在許多情況下都被證明是有效的，但它也面臨著來自供給面經濟學者和自由市場支持者的批評。這些批評者認爲，過度的政府干預會扭曲市場機制，導致資源分配不當、提高債務和加劇通膨。

高中高職經濟學圖解速成：學測、分科不求人

220

需求面經濟學

| 有效需求不足 | 政府介入 | 增加政府支出 | 反對自由放任 |

圖 3-37：需求面經濟學主要觀點

需求面經濟學與供給面經濟學的對比：

1. 需求面經濟學著重於通過增加總需求來刺激經濟增長和降低失業率。
2. 供給面經濟學則認爲，通過減稅和減少政府干預來激勵生產者，是促進經濟增長和提高就業的有效方法。

3-36 重貨幣學派

重貨幣學派（Monetarism）強調貨幣供應量對國家經濟的影響遠大於其他因素，如政府支出和稅收政策。這一學派由米爾頓・弗里德曼（Milton Friedman）在 20 世紀中葉領導發展，與凱因斯主義（Keynesianism）形成鮮明對比。凱因斯主義主張政府應該透過財政政策來調控經濟，特別是在經濟衰退時增加公共支出以刺激需求。而重貨幣學派則認為，這樣的干預通常會導致通貨膨脹，而不是真正解決經濟問題。

重貨幣學派的核心觀點包括：

1. 貨幣供應量的變化是導致經濟總產出和物價水準變化的主要原因。
2. 市場經濟有強大的自我調整能力，能夠解決包括失業在內的經濟問題。
3. 政府應當限制其對經濟的干預，主要職責應是控制貨幣供應量，以達到低通貨膨脹和穩定經濟成長。
4. 貨幣政策比財政政策更有效，政府應該通過調節貨幣供應來控制經濟活動。

圖 3-38：重貨幣學派觀點

重貨幣學派對後來的經濟政策有著深遠的影響。在 1970 和 1980 年代，許多國家的央行開始關注貨幣供應量的控制，以應對當時的高通膨問題。這一學派也強化了中央銀行在經濟政策中的獨立性和重要性。

儘管重貨幣學派提供了對抗通貨膨脹的有效工具，但它也受到批評。批評者認為它過分強調貨幣政策，忽略了財政政策和其他經濟政策工具的作用。此外，實踐中準確控制貨幣供應量極為困難，並且過分關注貨幣供應量可能忽視了經濟中的其他重要變數，如投資和消費行為的變化。

賽依法則

賽依法則（Say's Law）又稱為供給自創需求（Supply Creates Its Own Demand），是由法國經濟學家珍－巴蒂斯特·賽依（Jean-Baptiste Say）於 19 世紀初提出的經濟理論。這個法則強調，在一個競爭性的經濟中，生產商品和服務的行為本身會創造出足夠的需求來購買這些商品和服務，因而在宏觀經濟水準上，供給和需求總是處於均衡狀態。

賽依法則的核心觀點：

1. 自我調節機制：賽依法則認為市場有自我調節的機制，能夠保證資源的有效分配和商品的銷售。

2. 生產即需求：每一筆生產行為都會產生等值的收入，這筆收入便成為了購買其他商品和服務的需求。

3. 市場機制：在自由市場機制下，每一種商品的生產都會導致其他商品需求的增加，從而達到供需平衡。

賽依法則對古典經濟學和自由市場的倡導者產生了深遠影響，主張減少政府對經濟的干預。在賽依看來，經濟危機或失業現象的出現，主要是由於市場機制被干擾或僵化的價格體系導致的，而非供需關係失衡。

凱因斯在 1930 年代對賽依法則提出了批評，認為在經濟衰退期間，需求不足是導致生產下降和失業的主要原因，而非供給問題。凱因斯主張政府應透過增加支出和干預經濟活動來提升需求，以達到經濟復甦。

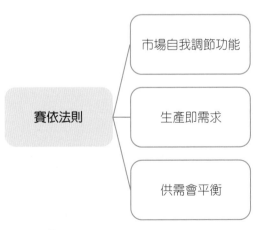

圖 3-39：賽依法則核心觀點

拉弗曲線

拉弗曲線（Laffer Curve）是由美國經濟學家亞瑟‧拉弗（Arthur Laffer）在 1970 年代提出的一種理論，旨在描述稅率與政府稅收之間的非線性關係。拉弗曲線的核心觀點是，存在一個最優稅率，能夠使得政府稅收達到最大值。

拉弗曲線的主要觀點：

1. 低稅率：當稅率極低時，提高稅率會增加政府稅收，因為稅基（即被稅收對象的經濟活動）受影響較小。

2. 最優稅率：存在一個稅率，在此稅率下政府稅收達到最大化。在這一點上，任何增加稅率都會導致稅收下降，因為高稅負會抑制經濟活動和投資，從而減少可徵稅的收入基礎。

3. 高稅率：當稅率過高時，再增加稅率會導致稅收減少。這是因為高稅率降低了個人和企業的工作、投資和生產的激勵，可能導致逃稅和稅基侵蝕的增加。

拉弗曲線提供了對稅收政策的重要見解，特別是對於供給面經濟學的支持者來說。它表明，適當降低稅率可以刺激經濟增長和投資，最終可能導致稅收的增加。這一理論在 1980 年代成為美國雷根政府減稅政策的理論基礎。

拉弗曲線受到一些經濟學家的批評，主要是因為它過於簡化稅收和經濟行為之間的關係，並且忽略了其他影響政府稅收的因素，如稅制的複雜性、稅收的公平性、政府支出的效率等。此外，確定最優稅率的具體位置極其困難，不同經濟體的情況可能大不相同。

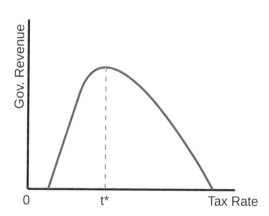

▌ 圖 3-40：拉弗曲線

　　量化寬鬆（Quantitative Easing）是在傳統的貨幣政策工具（如調整基準利率）無法進一步激勵經濟時，中央銀行採取的一種非常規貨幣政策措施。透過這種方式，中央銀行試圖直接增加金融體系的流動性和銀行的信貸能力，從而刺激經濟活動和提升通膨預期。

量化寬鬆的主要操作步驟包括：

1. 購買長期證券：中央銀行在公開市場上購買政府債券及其他證券（如抵押擔保證券等），直接向市場注入大量現金。
2. 降低長期利率：通過購買長期證券來降低長期利率，從而降低企業的融資成本和激勵投資。
3. 增加銀行的放貸能力：中央銀行購買資產的資金直接轉入商業銀行的中央銀行帳戶，增加了銀行的準備金，從而提高了銀行的放貸能力。
4. 提高資產價格：量化寬鬆增加了對證券的需求，推高了證券價格，間接提升了其他資產的價格，從而增加消費者和企業的財富效應，刺激消費和投資。

量化寬鬆的目的：

1. 提振經濟活動。　　2. 防止通貨緊縮。
3. 降低失業率。　　4. 提升通貨膨脹至目標水準。

量化寬鬆的風險和批評：

1. 資產泡沫：長期的量化寬鬆可能導致資產價格泡沫和金融市場過熱。
2. 財富不均：資產價格上漲可能加劇財富分配不均。
3. 退出難度：一旦開始，中央銀行可能難以在不影響市場穩定的情況下退出量化寬鬆政策。
4. 長期效果不確定：對量化寬鬆長期對經濟增長和通膨的影響仍存在爭議。

圖 3-41：量化寬鬆的主要操作步驟

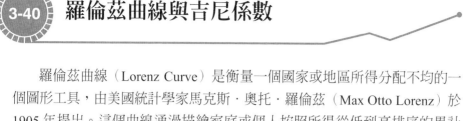

羅倫茲曲線（Lorenz Curve）是衡量一個國家或地區所得分配不均的一個圖形工具，由美國統計學家馬克斯‧奧托‧羅倫茲（Max Otto Lorenz）於 1905 年提出。這個曲線通過描繪家庭或個人按照所得從低到高排序的累計百分比與這些家庭或個人所得的累計百分比之間的關係，來反映所得分配的不均程度。

羅倫茲曲線的解讀：

1. 完全平等：當所有人的所得完全相同時，羅倫茲曲線將成為一條從原點到（100%, 100%）的直線（即對角線），表示完全平等的所得分配。
2. 所得分配不均：實際的羅倫茲曲線通常會位於這條對角線下方，且愈是偏離對角線，表示所得分配的不均勻程度愈大。
3. 不平等指數：通常使用吉尼係數（Gini Coefficient）來量化羅倫茲曲線所反映的所得分配不均程度。吉尼係數愈接近 1，表示不平等程度愈高；吉尼係數愈接近 0，表示所得分配愈平等。

羅倫茲曲線提供了一種直觀的方式來觀察和分析所得分配的不平等情況，成為了經濟學和社會科學中分析所得不均現象的重要工具。透過對羅倫茲曲線的研究，政策制定者和經濟學家可以更好地理解所得不均的結構和原因，並擬定相應的政策來促進所得分配的公平。

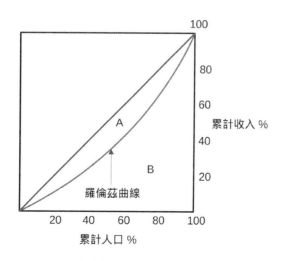

圖 3-42：羅倫茲曲線

　　吉尼係數（Gini Coefficient）由義大利統計學家柯拉多‧吉尼（Corrado Gini）於 1912 年提出。吉尼係數是基於羅倫茲曲線計算得來，反映了所得分配的不平等程度。

吉尼係數的特點：

1. 數值範圍：吉尼係數的數值範圍從 0 到 1。數值爲 0 表示完全平等（每個人的所得都相同），數值爲 1 表示完全不平等（所有所得都集中在一個人手中）。

2. 計算方式：吉尼係數是通過計算羅倫茲曲線下的面積與對角線（表示完全平等分配）下的面積之間的比例來獲得。換句話說，它衡量的是實際所得分配與完全平等分配之間的偏差程度。

3. 社會分析：吉尼係數是分析一個國家或地區經濟不平等狀態的重要工具，廣泛用於國際比較和社會政策分析。

　　吉尼係數在全球範圍內被用來比較不同國家或地區的貧富差距。它幫助政府、國際組織、經濟學家等分析所得分配情況，並設計出相應的經濟政策或社會干預措施以改善所得不平等狀態。

　　雖然吉尼係數提供了衡量所得分配不平等程度的有用指標，但它也有侷限性。例如：它無法提供關於所得分配不平等的具體來源或原因的資訊，也不能反映貧困的深度或嚴重性。因此，在分析所得不平等時，吉尼係數通常會與其他指標（如貧困線、中位數所得等）一起使用。

進口與出口

進口（Imported）是指一個國家或地區從其他國家或地區購買貨物或服務的經濟活動。進口不僅包括實物商品的跨國交易，如機械設備、原材料、消費品等，還包括服務的交易，例如旅遊、運輸、軟體和諮詢服務等。進口活動是全球貿易和國際經濟合作中不可或缺的一部分，對於滿足國內市場的多樣化需求、推動科技進步和經濟全球化都有重要作用。

進口的功能和作用：

1. 滿足國內需求：進口可以提供國內市場所缺乏的商品或服務，滿足消費者的需求。
2. 提高生產效率：通過進口高品質的原材料、先進的設備和技術，可以提升國內生產的效率和品質。
3. 促進國際貿易和經濟合作：進口與出口是國際貿易的兩大組成部分，有助於加強國與國之間的經濟聯繫和合作。
4. 平衡市場價格：進口競爭可以降低國內市場的商品價格，避免壟斷造成的價格過高。

進口的影響：

1. 對國內產業的影響：過度依賴進口可能會對國內相關產業造成衝擊，尤其是在與進口商品直接競爭的行業中。
2. 貿易平衡：進口與出口的平衡關係直接影響到一國的貿易平衡狀態。過多的進口可能會導致貿易赤字，對國家的經濟安全和外匯儲備產生壓力。
3. 匯率變動：進口和出口水準的變化也會影響到國家貨幣的匯率，進而影響國際競爭力。

國家通常會通過關稅、配額、進口許可等手段來調控進口，旨在保護國內產業、平衡貿易、保障國家安全以及實現其他經濟政策目標。

出口（Exported）是指一國或地區將本國生產的財貨或提供的服務銷售給其他國家或地區的經濟活動。出口不僅涵蓋了實體商品的國際交易，如農產品、工業製品、原材料等，也包括跨國界提供的服務，例如教育、旅遊、

PART 3 總體經濟學

227

諮詢等服務。出口是國際貿易的重要組成部分,對於推動國家經濟發展、創造就業機會、增加外匯收入等都具有關鍵作用。

出口的功能和作用:

1. 增加外匯收入:出口是國家獲得外匯收入的主要方式之一,有利於改善國際支付平衡。
2. 促進經濟增長:出口可以擴大生產規模,提高生產效率,促進經濟增長和就業。
3. 提高國際競爭力:透過出口,企業可以進入國際市場,提升自身的國際競爭力和品牌知名度。
4. 優化資源配置:出口有助於國家根據比較優勢原則進行資源配置,專注於自身優勢產業的發展。

出口的影響:

1. 對貿易平衡的影響:出口增加可以改善國家的貿易平衡,減少貿易赤字。
2. 對匯率的影響:出口的增加通常會對國家貨幣產生積極影響,提升貨幣價值。
3. 對產業發展的影響:出口促進了產業升級和技術創新,但也可能帶來國際競爭壓力。

國家通常會採取一系列政策和措施來促進出口,例如提供出口補貼、減免稅收、建立自由貿易區等,以支持本國產業的國際化發展和提升全球市場占比。

高中高職經濟學圖解速成:學測、分科不求人

228

關稅

關稅（Tariff）是一種國際貿易中普遍存在的稅收形式，主要由進口國政府對進口商品徵收。它是國家財政收入的一部分，同時也是調節國際貿易、保護本國產業和市場的重要手段。

關稅一般分為從價稅、從量稅、混合稅與滑准稅，分別敘述如下：

▼ 表 3-6：不同關稅的比較

稅別	從價稅	從量稅	混合稅	滑准稅
說明	依照進出口貨物的價格作為標準徵收關稅，例如奢侈品等。	依照進出口貨物數量的計量單位徵收定量關稅。	依各種需要對進出口貨物進行從價、從量的混合徵稅。	關稅稅率隨著進口商品價格由高到低，而反著由低到高設置的稅。可以起到穩定進口商品價格的作用。

關稅的影響：

1. 對消費者：關稅提高了進口商品的價格，可能導致消費者支付更高的價格。

2. 對廠商：進口競爭品的關稅提高，有助於保護本國廠商，但也可能減少廠商的國際競爭力。

3. 對貿易：高關稅可能會阻礙貿易自由，引起貿易夥伴的報復措施，影響國際貿易關係。

關稅政策需要平衡保護本國產業與推動貿易自由化之間的關係，避免引發國際貿易摩擦和貿易戰。

除了一般的進口關稅之外，財政關稅主要用於為政府提供額外的收入，而不是保護國內產業或限制特定商品的進口。這類關稅通常適用於那些不會或僅僅輕微影響國內生產的進口商品，例如奢侈品、酒精飲料。

財政關稅的特點：

1. 收入來源：提供穩定的政府收入來源，有助於資助公共服務和政府項目。

2. 低干擾性：通常對國內市場和產業的干擾較小，因為它們主要針對的是非必需品。

3. 調節消費：對某些商品徵收關稅可以調節消費，特別是奢侈品和有害健康的商品，如菸草和酒精。

財政關稅的影響：

1. 政府收入增加：為政府提供了一種較為直接的收入來源。

2. 對消費者的影響：可能會導致某些進口商品價格上升，從而影響消費者的購買力。

3. 國際貿易影響：雖然財政關稅的主要目的不是限制進口，但它可能會影響國際貿易流動和外國出口商的利益。

財政關稅作為一種稅收工具，在許多國家的財政政策中發揮著作用。然而，政府在設定財政關稅時需要權衡其對國際貿易、消費者價格和經濟福祉的影響。

在政策上，關稅也是一種保護國內產業的方式，雖然這種方式會阻礙產業的競爭，長期而言對國家社會不利，但依舊是一些國家的政策手段，如中美貿易戰就是採取保護關稅的方式，甚至，再加以反傾銷稅與反補貼稅的方式限制貿易對手進口。

保護關稅是國家貿易政策的一部分，旨在減少外國商品進口，從而保護本國的生產者不受外國競爭的影響。透過增加進口商品的成本，保護關稅使得這些商品在國內市場上的售價上升，從而讓本國生產的相同或類似商品在價格上更有競爭力。

保護關稅的目的：

1. 保護新興產業：幫助新興產業在成熟和競爭力增強之前免受國際競爭的壓力。

2. 保護受威脅的產業：對於那些可能因外國競爭而衰落的產業，提供一定程度的保護。

3. 保持就業：通過減少進口競爭，保持國內產業的就業機會。

保護關稅的影響：

1. 提高消費者成本：保護關稅可能導致國內消費者為購買某些商品支付更高的價格。

2. 引起貿易爭端：保護關稅可能會引起其他國家的不滿，導致貿易爭端或

報復性關稅。

3. 效率低下：長期來看，保護關稅可能會使得國內產業在缺乏競爭壓力下變得效率低下。

保護關稅是政府工具箱中的一種工具，用於平衡國際競爭與國內產業保護之間的需要。然而，長期依賴保護關稅可能會阻礙產業的創新和效率提升，因此需要謹慎使用並定期評估其效果。

與進口關稅有關的另一種貿易保護方式是進口限額（Import Quote）。

進口限額是一種貿易保護措施，目的是為了控制特定商品進入本國市場的數量，以保護國內產業免受外國競爭的影響。這種措施通常用於保護新興產業或遭受嚴重競爭壓力的行業，同時也可以作為對外交易和談判的工具。

進口限額的影響：

1. 對消費者：限制商品的供應量可能導致價格上升，消費者需要支付更多的金錢購買同樣的商品。

2. 對國內產業：進口限額可以減少外國競爭，給本國產業一個相對保護的環境，有利於本國產業的成長和發展。

3. 對國際貿易：進口限額可能會損害國際貿易關係，引起其他國家的不滿和報復，影響國際貿易的自由化。

進口限額的類型：

1. 絕對配額：直接規定在一定期間內可進口的具體數量或金額。

2. 關稅配額：一部分進口量享受較低的關稅率，超過配額部分則適用較高的關稅。

實施進口限額的考量：

1. 產業保護：保護嬰兒產業或是受外國競爭壓力大的產業。

2. 平衡貿易：通過限制進口來嘗試改善貿易平衡。

3. 資源保護：保護國內資源不被過度開發或耗盡。

進口限額雖然可以在短期內保護國內產業，但長期來看可能會減少市場的競爭力，提高消費者的成本，並可能引起國際貿易夥伴的不滿。因此，進口限額的制定與實施需要綜合考量經濟、政治和社會各方面的因素。

108 年學測「社會」

甲、乙、丙三國均加入世界貿易組織（WTO）之後，啟動的雙邊貿易協定如下：甲國先與乙國協商腳踏車關稅稅率為 4%，後與丙國重新協商腳踏車關稅稅率為 3%；於同一時間，乙國對丙國的腳踏車關稅降為 2%，丙國對乙國的腳踏車關稅調整為 5%。最後，甲國對於乙、丙兩國所訂定的腳踏車進口關稅稅率應為多少，方能符合 WTO 的關稅規範？

(A) 2%

(B) 3%

(C) 4%

(D) 5%

※ 標準答案：(B)

解析：

最惠國待遇是貿易條約中的一項重要條款，其涵義是：締約一方現在和將來給予任何協力廠商的一切特權、優惠和豁免，也同樣給予締約對方。其基本要求是使締約一方在締約另一方享有不低於任何協力廠商享有或可能享有的待遇。

題目問甲國對於乙、丙兩國所訂定的腳踏車進口關稅稅率應為多少？在一開始甲國對乙國的關稅為 4%，但對丙國的關稅為 3%，優於對乙國的關稅，根據最惠國待遇，甲國最終對乙國與丙國的關稅為 3%。

3-43　外匯與匯率

外匯（Foreign Exchange）是指不同國家之間的貨幣兌換。它不僅僅是中央銀行或金融機構之間的交易，也包括全球範圍內個人、公司和金融機構之間的貨幣交換活動。外匯市場是全球最大、最活躍的金融市場之一，每天的交易量高達數萬億美元。

外匯的主要功能：

1. 貿易支付：國際貿易中貨物和服務的買賣雙方使用外匯進行支付。
2. 貨幣兌換：旅行者或企業在跨國交易時需要將一種貨幣兌換為另一種貨幣。
3. 投資與投機：投資者和交易者在外匯市場上買賣貨幣，以期從匯率變動中獲利。
4. 風險管理：企業和金融機構利用外匯市場進行避險，以保護自己免受貨幣匯率波動的影響。

外匯市場的特點：

1. 全天候運作：外匯市場在全球各地的主要金融中心中交替開放，因此它實際上在一週中的五個工作日 24 小時不間斷運作。
2. 高流動性：由於巨大的交易量，外匯市場具有高度的流動性，這意味著大規模的交易可以迅速且以相對穩定的價格執行。
3. 廣泛的參與者：從最大的銀行到個人投資者，外匯市場擁有多元化的參與者。

外匯市場在全球經濟中扮演著關鍵角色，它不僅促進了國際貿易和投資，也為貨幣價值提供了一個決定機制。

匯率（Rate of Foreign Exchange）是反映兩國貨幣兌換關係的重要經濟指標，它直接影響到國際貿易、投資、旅遊和金融市場的活動。匯率制度的選擇對一國經濟的穩定性、貿易平衡以及貨幣政策的自主性都有深遠影響。

在浮動匯率系統下，匯率完全由市場供求關係決定，受到國際收支、經濟政策、市場預期等多種因素的影響。這種制度下的匯率波動較大，但能更靈活地反映經濟基本面的變化。

PART 3　總體經濟學

233

　　固定匯率系統則是由政府或中央銀行確定其貨幣對一個主要貨幣（如美元）或一籃子貨幣的固定兌換比率，並承諾在外匯市場上買賣本國貨幣以維持該匯率穩定。固定匯率可以提供匯率穩定性，有利於促進國際貿易和投資，但限制了貨幣政策的獨立性，因為維持固定匯率可能需要調整利率或使用國際儲備。舉例來說，我國在 1963 年 9 月起，新臺幣對美元匯率採取的就是「固定匯率」，直到 1978 年 7 月 11 日改採「浮動匯率」。

　　匯率政策的選擇需要考慮到國家的經濟結構、開放程度、金融市場的成熟度以及國際收支狀況等因素，不同的匯率制度各有利弊，關鍵在於如何選擇最適合自己國家經濟發展階段和宏觀經濟政策目標的匯率制度。

高中高職經濟學圖解速成：學測、分科不求人

234

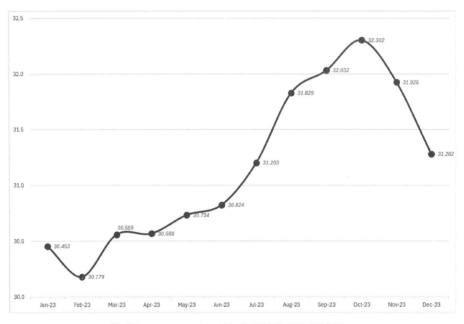

▍圖 3-43：2023 年美元兌新臺幣平均匯率圖
　　資料來源：中央銀行

貿易

貿易（Trade）是國際經濟活動中的一個重要部分，它不僅促進了資源的有效配置，也加強了各國之間的互相依賴和合作。貿易可以分為兩大類：雙邊貿易（Bilateral Trade）和多邊貿易（Multilateral Trade）。

▼ 表 3-7：雙邊貿易與多邊貿易的比較

	雙邊貿易	多邊貿易
定義	兩個國家之間的貿易關係	多個國家間的貿易關係
目的	降低或取消彼此間的貿易障礙，如關稅和進口配額等，從而促進雙方的貨物和服務交換。雙邊貿易協定通常會著重於特定產品或服務的交易，使得雙方可以在這些領域享有更有利的貿易條件。	降低貿易壁壘，從而促進成員國之間的貨物和服務流通。多邊貿易體制例如世界貿易組織（World Trade Organization, WTO） 就是為了提供一個公平競爭的國際貿易環境，通過減少關稅和其他貿易壁壘來促進全球貿易的自由化。

雙邊貿易和多邊貿易各有優勢與侷限，雙邊貿易協定能夠針對特定國家間的需求和條件制定更為精細的規則，但可能導致貿易偏好和排他性問題，影響全球貿易體系的整體公平性。多邊貿易體制則致力於建立一套普遍適用的規則，促進全球貿易的整體利益，但在達成共識和執行方面面臨較大挑戰。

考題指標程度：★

107 年學測「社會」

　　若甲、乙兩小國均生產某產品，其進出口不影響國際價格。在自給自足的狀況下，該產品在甲國國內價格高於國際價格，但在乙國的國內價格則是低於國際價格。若兩國均開放自由貿易，對於兩國該產品市場所造成的影響下列何者正確？

(A) 甲國該產品的生產者收入上升

(B) 使該產品在乙國的消費量增加

(C) 將使該產品在兩國的價格相等

(D) 甲國福利下降但乙國福利上升

※ 標準答案：(C)

解析：

(A) 乙國的產品較低，進口到甲國時，將會讓甲國的業者收入下降。

(B) 如果產品在乙國的供給量等於需求量，出口至甲國後，乙國的消費數量將會降低。

(C) 自由貿易後，將會使產品的價格在兩國相等（甲國降低，乙國提高）。

(D) 自由貿易後將會使甲國福利上升（價格變便宜），但乙國福利（價格變貴）下降。

高中高職經濟學圖解速成：學測、分科不求人

自由貿易與貿易保護

　　自由貿易（Free Trade）是國際貿易中的一種理想模式，主張讓貨物、服務和資本跨國流通時不受政府干預。其核心思想是通過減少或消除貿易壁壘，促進各國之間的經濟互動和合作，從而達到資源的高效配置和全球經濟的整體增長。

自由貿易的好處：

1. 提升消費者福祉：自由貿易使消費者可以以更低的價格獲得更多樣化的商品和服務。
2. 促進經濟效率：通過國際分工和專業化生產，自由貿易提高了生產效率和資源利用效率。
3. 加強國際競爭：自由貿易環境下，企業必須不斷創新和提高競爭力，以應對國際市場的競爭壓力。
4. 促進外國直接投資：開放的貿易環境吸引外國直接投資，這不僅帶來資本，還有技術和管理知識的轉移。

自由貿易的挑戰：

1. 產業保護問題：新興產業或某些國家的關鍵產業可能需要政府保護，以避免過早暴露於國際競爭中。
2. 貿易逆差：某些國家可能面臨長期貿易逆差的問題，影響國內經濟穩定和外匯儲備。
3. 就業影響：自由貿易可能導致某些產業的工作機會流失，特別是勞動密集型產業。
4. 經濟依賴：過度依賴外貿可能使國家經濟對外部衝擊更加敏感。

　　貿易保護（Trade Protection）是一種國家為了保護其國內產業和市場，而對外貿易進行干預的政策措施。這些措施旨在限制或減少外國商品和服務的進口，以保障國內企業的利益和就業。貿易保護措施包括但不限於關稅、進口配額、出口補貼以及非關稅壁壘等。

▼ 表 3-8：貿易保護的主要形式

	關稅	進口配額	出口補貼	非關稅貿易壁壘
說明	對進口商品徵收的稅，以提高其在本國市場的價格，減少進口量。	直接限制某種商品在一定時期內的進口數量或金額。	政府對本國出口企業提供財政補貼，使其在國際市場上具有價格優勢。	包括產品標準、衛生檢疫規定等，通過增加進口商品進入市場的難度來保護國內產業。

貿易保護的目的：

1. 保護新興產業，使其有機會成長到能夠在國際市場上自我維持的階段。
2. 保衛國家安全，確保關鍵產業如國防、食品安全等不受外部影響。
3. 保護老舊產業或是勞動密集型產業，避免因外國競爭導致的大規模失業。

貿易保護的影響：

1. 正面：短期內可以保護國內就業，幫助新興或衰退產業調整。
2. 負面：長期而言，可能導致資源錯配，效率低下，消費者支付更高的價格，並引發國際貿易夥伴的報復措施，最終傷害國內經濟。

貿易保護政策是一個雙刃劍，雖可短期內提供國內產業保護，但長期來看可能會對經濟健康和全球貿易關係產生負面影響。因此，國家在實施貿易保護政策時需要權衡其利弊，並考慮到國際合作與全球經濟整合的趨勢。

貿易順差與貿易逆差

　　貿易順差（Trade Surplus）是指一國在一定時期內（通常是一年），出口商品和服務的總值超過進口商品和服務的總值。這意味著該國賺取了更多的外匯收入，並且在國際貿易中處於盈餘狀態。貿易順差通常被視為一國經濟實力的指標之一，反映了該國商品和服務在國際市場上的競爭力。

　　雖然貿易順差反映了貿易收支的盈餘，但國際收支餘額是一個更廣泛的概念，包括貿易收支、資本收支和金融帳戶等。一國即使在貿易方面有順差，也可能因為其他項目（如對外投資、外債支付等）的逆差，導致國際收支總體上呈現逆差。

　　貿易逆差（Trade Deficit）發生時，意味著一國在一定時期內進口的商品和服務價值超過了其出口的價值。這通常指示該國消費者和企業購買了大量的外國商品和服務，而國內產品在國際市場上的銷售相對較少。貿易逆差不一定是負面現象，它可以反映出一國經濟的特定需求和全球經濟中的角色。

▼ 表 3-9：貿易順差與貿易逆差的影響比較

	貿易順差	貿易逆差
影響	增加國家的外匯儲備、提高國家的經濟狀況和國際支付能力，及促進國內產業發展和就業。 如果長期保持大額貿易順差，可能引起其他國家的貿易保護主義措施。對出口過度依賴可能導致國內經濟對外部衝擊的敏感度增加。在某些情況下，過高的貿易順差可能對全球經濟平衡造成負面影響。	短期可能對國內產業造成壓力，尤其是那些與進口商品競爭的產業。可以提高消費者的選擇範圍和生活水準，因為進口提供了多樣化的商品和服務。 持續的貿易逆差可能對國家的外匯儲備和貨幣價值產生壓力。可能需要借入外資來支付進口帳單，從而增加國家的外債負擔。

3-47 國際收支餘額

國際收支餘額（Balance of Payment, BOP）是評估一國對外經濟交易的重要指標，包括商品、服務、收益和轉移的交易，反映了一國在一定時期內（通常是一年）與其他國家之間金融資產的流入與流出情況。

國際收支餘額的組成分為經常帳（Current Account）、資本帳（Capital Account）與金融帳（Financial Account）三類，如下表說明：

▼ 表 3-10：國際收支餘額的分類

	經常帳	資本帳	金融帳
內容	包括貿易餘額（出口與進口的差額）、服務餘額（如旅遊、運輸）、收益（對外投資所得的利息和股息）和當前轉移（如移民匯款、國際援助）。	主要記錄非市場、非商業性的資金轉移，例如債務免除。	包括直接投資、證券投資、其他投資（如銀行貸款）和官方儲備資產的變動。

國際收支的平衡：
1. 國際收支的理論平衡是零，即所有交易的資金流入應與流出相等。然而，實際中常會出現盈餘或赤字。
2. 國際收支盈餘意味著一國對外淨資產的增加，而赤字則表示淨資產的減少。

國際收支的調整：
1. 經常帳赤字通常需要通過資本帳和金融帳的淨流入來平衡，這可能導致對外債務的增加或外匯儲備的減少。
2. 長期的經常帳赤字可能影響國家的外匯匯率和經濟穩定性，需要政府透過貨幣政策、財政政策或改革來調整。

國際收支餘額提供了一個全面的視角來評估一國的國際經濟地位和對外經濟關係，是政府、經濟學家和投資者分析國家經濟狀況和制定政策的重要依據。

高中高職經濟學圖解速成：學測、分科不求人

240

下圖為我國各年度國際收支餘額，結果顯示我國為收支盈餘，且大部分為經常帳餘額所貢獻。國際收支餘額的計算：

國際收支餘額＝經常帳餘額＋資本帳餘額＋金融帳餘額＋誤差與遺漏淨額＋準備與相關項目

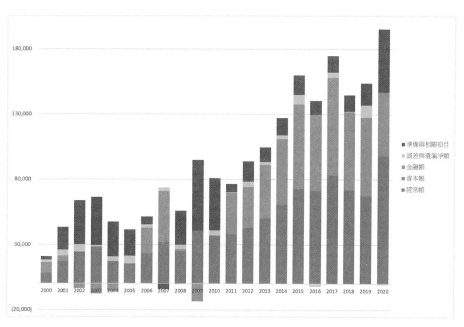

■ 圖 3-44：中華民國國際收支餘額（單位：百萬美元）
資料來源：中央銀行

失業（Unemployment）是指勞動年齡的人口願意以現行工資水平工作，但找不到工作的狀況。這是一個經濟學上用來衡量勞動市場表現的關鍵指標。失業存在於幾乎所有經濟體系之中，並且可以從短期和長期兩個維度來觀察。

　　失業率是衡量失業嚴重程度的常用指標，定義爲失業者總數占勞動力總數的比例。根據不同的原因和特點，失業可分爲幾種類型，包括摩擦性失業（Frictional Unemployment）、結構性失業（Structural Unemployment）、週期性失業（Cyclical Unemployment）和季節性失業（Seasonal Unemployment）四種類型，比較如下表：

▼ 表 3-11：不同失業類型的比較

	摩擦性失業	結構性失業	週期性失業	季節性失業
內容	指個人在轉換工作或初次進入勞動市場時的短暫失業。	由於產業結構變化、技術創新或其他因素導致的勞動力需求與供給之間的不匹配。	與經濟週期相關的失業，通常在經濟衰退期間增加。	由於季節變化影響某些行業的勞動需求而產生的失業，如旅遊業、農業。

考題指標程度：★★★★★★

110 年指考「公民與社會」

由於機器人及人工智慧技術的突飛猛進，引發人們對於未來可能發生大規模失業的擔憂。以下有關失業的敘述何者正確？

(A) 裝配人員因生產線改採用機器人而失業，屬於結構性失業

(B) 詢問台服務員因使用導覽機器人而失業，屬於摩擦性失業

(C) 企業採用人工智慧而減少招聘新員工，將提高循環性失業

(D) 因應自動化生產主動離職就學以提高技能，爲摩擦性失業

※ 標準答案：(A)

解析：

(A) 正確。結構性失業是指勞動力市場的供需發生結構性變動，導致某些產業或職業的勞動需求減少、勞工技能無法適應新的工作需求而失業。題目提到裝配人員因生產線改採機器人而失業，正是由於生產方式的技術變革，導致勞動需求發生結構性變動，符合結構性失業的定義。

(B) 錯誤。摩擦性失業是短期性的，指勞動者在轉換工作過程中的短暫失業狀態，例如剛畢業的學生尚未找到工作等。詢問台服務員因機器人取代而失業屬於永久性的，不屬於摩擦性失業。

(C) 錯誤。循環性失業是在經濟蕭條時期，整體勞動需求不足而導致失業增加。企業採用新技術減少招聘不會直接提高循環性失業。

(D) 錯誤。爲了適應自動化生產而主動離職就學提升技能，雖然過程中會暫時失業，但這種爲了適應技術變革而進修的狀態不算是失業，屬於在職進修。

111 年分科「公民與社會」

因新冠肺炎疫情影響，各國陸續採取封城措施，但此項措施引發民眾反彈。有人以堅定口吻說：「政府絕對不能封城，這樣我就會沒工作，很快就沒飯吃，雖然病死和餓死的結果都一樣，但我寧願是上班染疫病死，也

不願沒工作餓死。」若以機會成本的觀念來評估，下列哪項政策最可能改變這位民眾的選擇？

(A) 調漲基本工資　　　　　(B) 增加失業給付

(C) 提高職業災害補助　　　(D) 擴大醫療保險給付

※ 標準答案：(B)

解析：

　　根據題目所描述的情況，這位民眾最關心的是失去工作後無法維持基本生活所需，因此對於他而言，失業導致無法獲得收入的機會成本非常高。為了改變他的選擇，最可能的政策是 (B) 增加失業給付。

(A) 調漲基本工資無法緩解他對失業後收入中斷的恐慌，反而可能讓雇主更傾向裁員，因此不太可能改變他的選擇。

(B) 增加失業給付可以提供他在失業期間的基本生活經費來源，降低他對無收入的擔憂，從而改變他寧願上班染疫也不願失業的想法。

(C) 提高職業災害補助可能會減輕他對染疫後的醫療負擔，但主要焦點仍在於失去工作後無收入可維生的恐懼，無法徹底改變他的選擇。

(D) 擴大醫療保險給付同樣無法解決他對失業導致收入中斷的擔心，因此不太可能改變他的選擇。

111 年分科「公民與社會」

　　今年初基本工資上調到 25,250 元，原本理論預測調高基本工資會引發失業，但臺灣今年面對的卻是缺工潮來襲。論者認為這是因為全球半導體短缺，臺灣相關產業的人才需求旺盛，間接吸走了其他產業的人力，加上疫情後有些人選擇離開職場，各行各業突然都缺人。請問：

　　下列何者最能正確描繪題文所述近來臺灣勞動市場狀況？

(A) 臺灣受惠於全球半導體短缺，因而使結構性失業人口大幅減少

(B) 缺工引發換工潮，會出現一些摩擦性失業，但循環性失業減少

(C) 受疫情影響，臺灣的勞動參與率逐漸增加，因而帶動薪資上漲

(D) 提高基本工資有助於生產設備自動化，進而提高整體平均薪資

※ 標準答案：(B)

解析：

(A) 錯誤。題目提到缺工潮並非僅限於半導體產業，而是「各行各業突然都缺人」，因此無法歸因於半導體短缺而大幅減少結構性失業。

(B) 正確。缺工潮導致許多人會換工作，在工作轉換期間會產生一些短期的摩擦性失業。但整體就業狀況良好，意味著循環性失業減少。

(C) 錯誤。題目並未提及勞動參與率的變化，而是說有些人選擇離開職場，無法判斷參與率是增加還是減少，基本工資上調並無法歸因成整體薪資上調。

(D) 錯誤。題目中提到的是基本工資調高，而非平均薪資變化，且缺工潮與設備自動化之間沒有直接關聯。

112 年分科「公民與社會」

　　某國因科技進步與基本工資調升，無人商店的比例持續上升。有人商店和無人商店的差別在於前者多了人事成本，而後者多了科技設備成本。兩者都需要裝修店面和進貨，其中購買科技設備和裝修店面的支出需向銀行貸款。某公司一年前曾評估有人商店與無人商店的選擇，發現尚不適合開設無人商店，但今年公司經過評估，認為已可開設無人商店。

　　不過，無人商店也引發政策論辯，以致該國某些地方政府雖容許無人商店的設置，但某些地方政府為避免失業問題惡化而立法禁止設置無人商店。此外，因該國無人商店趨勢而找不到工作者，多屬經濟處境不利群體，雖然他們想工作，但常到處碰壁，心灰意冷之下放棄找工作。輿論因而主張政府應提撥經費落實社會安全體制，以減少社會變遷帶來的衝擊；各界也提出三種不同方案：（甲）增列就業保險之失業給付、（乙）增加職業訓練生活津貼經費分配，以及（丙）增列社會救助經費。請問：

　　關於可能影響開設無人商店與有人商店的因素，下列哪項因素最有利於促成該公司決定在今年開設無人商店？

(A) 關係企業協助降低店面裝修與進貨成本

(B) 預期中央銀行下半年採取寬鬆貨幣政策

(C) 基本工資的調升造成一年前員工人事成本大幅成長

(D) 未來原物料成本漲幅和緩，降低科技設備投入成本

※ 標準答案：(B)

雖 (B) 選項題目中未敘及，業者可能因爲預期心理的作用，政府採取寬鬆貨幣政策，因利率降低，貸款成本降低而增加投資的誘因。

題文中經濟處境不利群體的困境對失業率與勞動參與率的影響，下列敘述何者正確？

(A) 降低失業率，降低勞動參與率　　(B) 降低失業率，提高勞動參與率
(C) 提高失業率，降低勞動參與率　　(D) 提高失業率，提高勞動參與率

※ 標準答案：(A)，但有爭議，建議答案爲 (C)

解析：

經濟處境不利群體會因爲無人商店的崛起，更無法找到工作，因此會提高失業率，也會降低勞動參與率。

若從不同社會安全制度的屬性或成效來分析甲、乙、丙三項方案，下列評論何者最適切？

(A) 國家有責任解決低收入戶的急難困境，故甲方案經費必須增加
(B) 乙方案可提升就業者競爭力，但屬教育支出而非社會安全預算
(C) 丙方案雖非針對所有失業者，但社會變遷可能讓給付對象變多致經費須增加
(D) 三方案皆爲促進就業以解決大規模失業的有效政策，國家應考量成本而擇一

※ 標準答案：(C)

解析：

(A) 錯誤，救助經費不僅針對低收入戶。
(B) 錯誤。職業訓練津貼屬於社會安全支出範疇。
(C) 正確，丙方案增列社會救助經費，社會變遷可能增加救助對象人數，因此需要增加經費。
(D) 錯誤，三個方案屬性不同，不應簡單比較成本而擇一。

購買力平價指數

購買力平價指數（Purchasing Power Parity Index）用來衡量不同國家貨幣的購買力。根據購買力平價（Purchasing Power Parity, PPP）的理論，長期而言，兩國之間的匯率應該會調整至一個水平，使得一籃子商品和服務在這兩國的成本相同。簡單來說，這個理論認爲，經過匯率調整後，同樣金額的不同貨幣應該能在各自國家購買到相同的商品和服務量。

PPP 是將一國的貨幣對另一國貨幣的匯率，調整至與兩國價格水平相對應的水平。這一概念允許我們比較不同國家的經濟規模和居民的生活水平，而不受匯率波動的影響。

購買力平價指數通常用於國際比較，例如：世界銀行用 PPP 來估算世界各國的國內生產總值（GDP），以便更公平地比較不同國家的經濟規模和居民的實際生活水平。

PPP 指數的計算通常涉及以下步驟：

1. 選取一組標準化的商品和服務。
2. 在不同國家計算這組商品和服務的成本。
3. 通過比較這些成本，確定各國貨幣的相對購買力。

這種方法幫助經濟學家理解不同國家之間經濟活動的眞實價值，並且爲跨國比較提供了一種標準化的衡量標準。

圖 3-45： 購買力平價指數（PPP Index）概念圖，兩國之間的匯率應該會調整至一個水平，使得一籃子商品和服務在這兩國的成本相同

111 年分科「公民與社會」

閱讀以下四格漫畫：

就所得與物價的關聯而言，下列哪項指標衡量的意涵最可用來解釋最右格的論點？

(A) 經濟成長率

(B) 通貨膨脹率

(C) 購買力平價指數

(D) 消費者物價指數

※ 標準答案：(C)

解析：

圖中所提到的收入換成新臺幣，指的是當地名目收入，但依據生活成本進行比較，答案為 (C)，其他三個選項均非適合的答案。

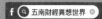

國家圖書館出版品預行編目資料

高中高職經濟學圖解速成 ： 學測、分科不求
人 / 鍾文榮著. -- 初版. -- 臺北市 : 五南
圖書出版股份有限公司, 2024.08
　面； 公分
ISBN 978-626-393-489-4(平裝)
1.CST: 經濟學 2.CST: 技職教育
528.8353　　　　　　　　　113009023

少年博雅 040

高中高職經濟學圖解速成
學測、分科不求人

作　　者 ― 鍾文榮

企劃主編 ― 侯家嵐

責任編輯 ― 侯家嵐

文字校對 ― 吳肇恩　葉瓊瑄

封面設計 ― 封怡彤

排版設計 ― 張巧儒

出 版 者 ― 五南圖書出版股份有限公司

發 行 人 ― 楊榮川

總 經 理 ― 楊士清

總 編 輯 ― 楊秀麗

地　　址 ： 106台北市大安區和平東路二段339號4樓

電　　話 ： （02）2705-5066

傳　　真 ： （02）2709-4875

劃撥帳號 ： 01068953

戶　　名 ： 五南圖書出版股份有限公司

網　　址 ： https://www.wunan.com.tw

電子郵件 ： wunan@wunan.com.tw

法律顧問 ： 林勝安律師

出版日期 ： 2024年8月初版一刷

定　　價 ： 新臺幣380元

經典永恆・名著常在

五十週年的獻禮——經典名著文庫

五南，五十年了，半個世紀，人生旅程的一大半，走過來了。
思索著，邁向百年的未來歷程，能為知識界、文化學術界作些什麼？
在速食文化的生態下，有什麼值得讓人雋永品味的？

歷代經典・當今名著，經過時間的洗禮，千錘百鍊，流傳至今，光芒耀人；
不僅使我們能領悟前人的智慧，同時也增深加廣我們思考的深度與視野。
我們決心投入巨資，有計畫的系統梳選，成立「經典名著文庫」，
希望收入古今中外思想性的、充滿睿智與獨見的經典、名著。
這是一項理想性的、永續性的巨大出版工程。
不在意讀者的眾寡，只考慮它的學術價值，力求完整展現先哲思想的軌跡；
為知識界開啟一片智慧之窗，營造一座百花綻放的世界文明公園，
任君遨遊、取菁吸蜜、嘉惠學子！